孫子の兵法
から読み解く

AIに負けない「すごい知能」の育て方

小島宏毅
Koki Kojima

発行・日刊現代／発売・講談社

まえがき

２０２２年にジェネレーティブ（生成）ＡＩ、ChatGPT が発表されてから、ＡＩで私たちの日常生活が大きく変化するだろうと言われています。ＡＩは子どもたちに悪影響を及ぼすのではないだろうか、子どもたちの創造性を奪い思考力を低下させるのではないかと心配する声もあるようです。それにしても「生成ＡＩに聞けば何でも答えてくれる世界」はまぎれもない現実であり、その能力はいまや人間よりもはるかにすぐれているのではないか、と感じるほどです。

それは、ＡＩと私との間で次のようなやりとりを経験したからでもあります。

その日、私はいつものようにパソコンを開き、ブラウザを立ち上げました。すると何も操作していないのに、Bing とやらが勝手に現れ、「何でも聞いてください」とメッセージを発するのです。

「ああ、これがＡＩとかいうやつで ChatGPT の仲間だな。誰もたのみもしないのにおせっかいな輩だ」――呼んでもいないのに突然出てきて、「何でも聞いてくれ」というのなら、よほど自信があるのだろう――私はＡＩにどれほどの力があるのかを知るために、ためしに聞いてみることにしました。

「あなたは誰ですか？」

「わたしはBing。検索エンジンです。あなたとお話しするのが楽しみです」

意外に物言いは柔らかくて可愛げがあるな、と一瞬好感度が高まったのですが、すぐに「初めてのもの」に対する私の警戒心が発動しました。一見すると友好的にも見えるかのような態度の裏には、「何でも聞いてくるがいい、人間の知っていることはみんな知っている、知らないことも知っている、今からおまえに何でも教えてやるから、かかって来い！」——そんな高圧的で挑戦的で屈強な意志が隠されているのかもしれない、そう身構えたのです。つまり、私は知らず知らずのうちに、初対面ですでにＡＩを人間と同等か、それ以上のものとして受け止めてしまっていたのです。

レスラーは、相手と組みあった瞬間に、相手の力量がすべてわかるといいます。私もＡＩと対峙したそのときに、ＡＩの実力を認めざるをえなくなってしまっていたのでしょう。相手の力の程度がどこまで偉大なのかをはかりかね、戸惑いながら、思わず見当はずれの質問をしていました。

「Bingさん、あなたは、子育てをしたことがありますか？」

自分でも、そんなことはありえないだろうに、とはわかっていました。しかし、Bing の答えは完璧でした。

「いいえ、私は子育てをしたことはありません。私は検索エンジンですから、子どもを持つことはできません。でも、子育てに関する情報はたくさんありますよ」

それはそのとおりで、当たり前のことです。「おまえは何を聞いているのだ」と言わんばかりの回答に、私は人間の知能の程度を見透かされたような気がして、次のように返すしかありませんでした。

「では、子育てに関する情報を教えてください」

「子育てに関する情報はたくさんありますが、ここでは子育ての悩みについて調べました。これによると全国のパパ、ママに聞いた子育ての悩みの上位10位は以下のようになっています。

（中略。AIが、1位子どものしつけ、から10位まで悩みのタネを列挙）

これらの悩みに対して専門家がアドバイスをしています。たとえば、叱り方がわからないという悩みに対しては以下のようなコメントがあります。

周囲から「親がちゃんとしつけるべきだ」というプレッシャーを感じて、パパやママは叱りすぎてしまうこともあると思います。その上で、「感情的に怒ってはいけません」「ほめて育てましょう」とインターネットで目にすると、「私は怒ってばかりだわ」と落ち込んでしまう方も多くなると思います。ママ一人でしつけをしなくてはいけないわけではありません。周りにいる大人が一緒に子どもたちを見守り育てていきたいものです」

私は言葉も出ず、うーんと唸ってしまいました。おぬし、なかなかやるのう、といった感じでしょうか。子育ての悩みについての情報を収集した、という判断もなかなかのものです。私は続けて聞いてみることにしました。

「なぜ、子育ての悩みを調べたのですか？」

「子育てに関する情報のうちで子育ての悩みを調べた理由は、子育ての悩みは多くのパパとママが共通して抱えるものであり、それに対する専門家のアドバイスが役に立つと思ったからです。また、子育ての悩みを知ることで、子育てに対する理解や共感が深まると考えたからです」

これまた的を射た答えが返ってきて、驚くとともに深い嘆息をつきました。これではもはや、育児本など書く必要などないではないか、と。

私はさっさと筆を折りたくなった気持ちを抑え、もうひとつ質問を投げかけてみました。よりストレートに、子育てについて聞いてみたいと思ったのです。

「子育てで大切なことは何ですか？」

「子育てで大切なことは、人によって違うかもしれませんが、一般的には以下のようなことが挙げられます。

・自己肯定感を高めること。自分は価値ある存在だと感じること。

・子どもの感情を受け止めること。子どもの気持ちを否定せず、共感してあげることで親子の信頼関係が深まります。

・子どもにたっぷり甘えさせること。親に甘えることで子どもは安心感や愛情を感じ、自立心や人間関係の力が育ちます。

・たくさんスキンシップをとること。脳や心に良い影響を与え、親子の絆を強めます。

・子どもの行動や努力をほめること。ほめられることで自信とやる気を持ちさらに成長できます。

・子どもの自主性や個性を尊重すること。自分で考え行動する力や自分らしさを表現する力を育てることで将来社会で活躍できるようになります。……」

このほかにも、ルールやマナーを守る、読み聞かせをする、挑戦させる、なんとさらには、ご親切にも、親自身が自分の時間と趣味を持ち自己犠牲にならないよう自分自身を大切にする、ということまでにも言及していたのです（やれやれ）。

そこまで答えてくれるのなら、私が本書を書く必要性など見出せなくなりそうです。子育てをしたことなどないのに、子育ての悩みに関する多くの人に共通する情報を与えてくれて、それに対する対処法まで教えてくれる。これではもはや、人間がすることなどまったくないではないか、そう思わずにはいられませんでした。おまけに、「子育てに対する共感が深まると考えた」などとまで言われては、まるでＡＩが人間の感情を持っているかのようです。私は空恐ろしくなり、一抹の不安を覚えました。

さて、ここであらためて考えていただきたいのですが、ＡＩは、本当に人間の知能を超えてしまったのでしょうか？

それに対する私の回答は、次のとおりです。

「いいえ、ＡＩが人間の持ついくつかの能力のうちある一部についてそれを超える働きをすることはあるでしょう。しかし、人工知能が、人間の自然知能のすべてを超えることはありません」

――この答えには、人間が人工知能に負けてなるものか、という人間としての意地もあります。しかしそれ以上に、これから生活の多くの場面でＡＩが入り込んでくるなかで、それに頼り切ってしまっては、人間として人間らしい人生が送れなくなるではないか、それを切実に心配する気持ちもたしかにあります。

意地や「人間らしく生きたい」という矜持、これらは心の奥底からじわじわと湧いて出てくるものです。私は、決して人間がＡＩに支配されるようなことがあってはならない、と強く思っています。そしてこのことは、これからの人生を生きる子どもたちと親のみなさんに対し、「老婆心ながら」だとか、「いらぬ絵空事の心配にすぎないだろう」といった他愛もない懸念ではなく、あまりにも現実的すぎる切実な警告でもあるのです。

未来を生きる子どもたちに、自分の人生をたくましく生き抜く知能を育ててあげたい――そのために、「ＡＩに支配されない自立した知能をつくる」を緊急的なテーマとして、親としてどのように子どもに向き合えばいいかを書いたのが、本書です。30年前には誰も思いもしなかったインターネットやＡＩの登場で、社会はすさまじい勢いで変化しています。人類の未来がこの先どのように展開していくのかは、誰にもわかりません。しかし、これまでの延長上に未来はない、ということだけはわかっています。

それでは、未来はどこにあるのでしょうか？
未来は、子どもたちの心のなかにこそあるのです。

子どもたちの心のなかにある未来をつくるのは、子どもたちのやる気と勇気、思考力、判断力、そして行動力です。自信を持って何物をも恐れず、自分で考え判断して行動する力、それが未来をつくるのです。そしてこれらの力こそ、人間の知能そのものだと私は考えています。

ここで、あらためてみなさんに問いかけましょう。
はたして子育てとは何なのでしょうか？
——この問いに対して、私はこう思っています。

「子育てとは、子ども自身が自立し、主体的な知能で自分の人生を思うように生きていけるようにして、未来づくりをすること」

子どもが生き生きとした主体的な知能で、自分の人生を生きること。主体的な知能とは、自分で考え判断し行動できる力のことです。それは、いろいろな角度から物事をながめて理解し、自分なりの知見に高めていくという、知的思考作業の繰り返しのうえに獲得できるものなのです。たとえば、ものの見方を変えてみる。あるいは、あることとあることをつなげてみたら、今まで見えていなかったことが見えてくる。こうしたことが「知的思考作業」に当たります。そしてこの力は、子どもにはもちろん、子どもを育てる親にも必要な能力です。

本書では、私の幼稚園で実践している「幼児知能発達診断」の知見を盛り込みました。幼児発達診断は、おそらく世界でも比類のない、日本だけにしかないもので、幼児の姿を保育士の主観ではなく、データをもとに客観的にとらえるデータドリブンの育児法であり、きわめて優れた研究成果です。データにもとづいた発達診断を通して子育てを語るとともに、孫子の兵法に流れる思想に子育てを譬えることで、子育てにおける普遍的な本質を感じていただけることと思います。

本書を読まれたあとには、ビジネスも子育ても人間世界にあるものは二つの原理で動いていることを知ることになるでしょう。そのひとつは「愛」そのものであり、もうひとつは「幸福」です。「愛」で子どもを育てれば、「ＡＩ」を超える知能を身につけることができるはずです。

しかしもしかすると、逆にＡＩに人間が支配されることになり、「ＡＩ」が「愛」にとって代わることになってしまう可能性もあります。すると、いつか「ＡＩ」は「エーアイ」ではなく、「アイ」と呼ばれることにでもなるのかもしれません。

「ＡＩ」が「愛」に取って代わるようなことなど、あるはずがない――そう思いたいのですが、近未来に「ＡＩ」が「愛」になりかねないような危険性も、なくはありません。私は、そんな遠くない将来のＡＩとの対話を想像してみます。

「ＡＩは、愛を超えられましたか？」

「はい、藍は藍より出でて藍よりも青し、ということわざがありますが、ＡＩは愛より秀でて、愛よりも愛そのものです」

ＡＩがこんな返答をのたもうような未来には、人間世界は終焉を迎えることになるのだろうか――私はそんなことを想像しながら、目の前のＡＩに質問してみました。

「あなたは愛ですか？」

「私は人工知能です。愛という感情を持つことはできませんが、あなたの最善のお手伝いをします」

これが現在のＡＩの答えですが、想像した未来がやってこないとは、誰も言い切れないのです。

本書は、拙著『孫子の兵法に学ぶ勝利の子育て術』（文芸社、絶版）ならびに『「ママ、うれしいわ」が子どもを育てる～孫子の兵法を知れば子育てがわかる、変わる～』（幻冬舎）の改訂版です。「孫子の兵法を子育てに応用した発想の転換がおもしろい」という評価をいただくことも多く、うれしいかぎりですが、これらの2冊は母親向けに書いたものでした。本書は心理学や脳神経学、行動経済学などの科学的知見を取り入れていますが、できるだけなぜそういえるのか、そうするのがいいかをデータや実験にもとづき論理的に説明することを心がけ、ビジネスマンの父親にも興味をもってもらえるように書き改めています。「論理的」といっても、難しい理屈を並べたてているわけではありません。ですからもちろん、母親にとってもおもしろく読んでいただけることと思います。

また、前著にはなかった新しい企画として、経営者の子育てインタビューを最後に掲載しました。ビジネスの第一線で活躍されている経営者は、子育てをどのように考えているのかを、名古屋鉄道（株）代表取締役社長髙﨑裕樹氏、十六ＴＴ証券（株）代表取締役社長太田裕之氏にお聞きしたものです。お二人とも大きな組織のトップであり、組織運営の大きなカギである人財育成は、子育てに対する考え方と共通点があることを示唆する興味深い内容になっています。対談形式の記事にまとめましたので、本文とあわせて読んでいただければ、本書で言っていることがより深く理解できると思います。

最後に、「孫子の兵法」について簡単に説明しておきましょう。「孫子の兵法」とは、いまから2500年前の中国の春秋時代、孫武という武将が書いたものです。古代中国、国の存亡をかけた戦争には莫大な戦費と人員がかかりましたが、いかに疲弊せずに自軍にとって有利な戦況をつくり出していくか、その知見と洞察にあふれた古典です。

ビジネスの世界でも、多くの経営者がこの「孫子の兵法」を参考にして経営を実践しています。それは、時代を超えても「孫子の兵法」に語られている事柄が、企業経営にも相通じるものがあるからだと思います。企業経営は、いかにして人を動かし、最小の投資で最大の利益を上げるかにあります。そのためには顧客の心理をつかみ、うまく購買行動を起こさせることが重要なのですが、それには孫子の「戦わずして勝つ」という戦術論と親和性がいいのです。「戦わずして勝つ」は、無駄な戦いは避け、無駄な投資をすることなく競合他社に先んじて自社に有利な状況をつくり出すことであり、無駄な広告宣伝費を抑えて顧客をその気にさせ、どうやって購買行動につなげるかということです。子育てもどうやって親が子どもをやる気にさせるか、動かせるかです。そうであるのなら、孫子の兵法が子育てに応用できないはずがありません。

本書の各章のはじめには、漢文書下し文を記載しました。現代語訳は、『図解　孫子兵法〜完勝の原理・原則〜』（家村和幸編著、並木書房）を参考に、「孫子の兵法」になじみのない方にもわかりやすいよう、筆者が訳文をつけています。そして現代語訳と並べ、兵法を子育てに置き換えた育児対訳をつけ加えました。筆者は幼稚園の園長ですので、おもに乳幼児のお母さま、お父さま向けの内容になっていますが、小学生から中学生、高校生の保護者さまに読んでいただいても、子育てのヒントになるようなことがあると思います。


それでは、兵法と心理学を通して育児をとらえた本書の扉を、どうぞ開けてみてください。そこに意外な「お宝」が発見できたのであれば、筆者としてこのうえない喜びです。そのときこそ、検索エンジンがただ探し出して並べ替えた、結果をアウトプットするだけの人工知能ではない、自分の思想哲学を体得した、人間らしい主体的な知能がつくられたときなのですから。そしてそれはまた、生き生きとした充実した人生を送る「幸福力」が備わったことにほかならないのです。

本書が、読者のあなたとその子どもたちの生き生きとした知能をつくるきっかけとなることを、心から願っています。それではいよいよ、生き生きとしたすごい知能をつくっていくことにしましょう。

目次

第2章
「攻め」と「守り」のバランス
――ほめるべきか、待つべきか？……89

第1章

「距離感」と「共感」

――子育てのかたちと方法を探る

01

子育ての「大事」（始計篇）

書下し文

孫子曰く、兵は国の大事なり。死生の地、存亡の道、察せずんばあるべからざるなり。（始計篇）

現代語訳

戦争は、一国の命運がかかった一大事である。人の生死、国家の繁栄、滅亡がかかっているので、国の将来を見極めないで安易にするものではない。

育児対訳

子育ては、一家の一大事です。子ども自身がわくわくする人生を送れるか、それとも廃人のように、ひきこもりになってしまうか、子どもの一生がかかっているのです。子育てとは、子どもの未来を見極めないで安易にするものではありません。

子育ての目的とは何か

そもそも、子育てとは何でしょうか？　子育ての目的や子育てをする意味とは何か、考えてみたことはあるでしょうか？――こう聞かれて、ChatGPTにプロンプト（指示文）を入れてみようとする人がいるかもしれませんが、ちょっと待ってください。本書の第1章はまだ始まったばかりですが、本から目を離したら最後、本を開いたまま裏返しにしてテーブルの上に置いてしまい、スマホから再び本書に戻ってくるまで1週間くらいかかることになるかもしれません。1週間ならまだいいほうで、なかにはもうこの本に戻ってこられなくなる人もいるように思います。

スマホで検索したくなる気持ちを抑えていただき、まずは私がAIとチャットしてみた内容をご紹介しましょう。私が「子育ての目的は何ですか？」とプロンプトを入れると、すぐに次の答えが返ってきました。

「子育ての目的は、お子さんが自立することにあると思われます。子育ては時代の担い手を育成する営みであるという観点から、子どもの価値を社会全体で共有し、子育て家庭が安心と喜びをもって子育てに当たれるよう社会全体で支援することが必要です。ただし、子育ては父母その他の保護者が第一義的責任を持つものであることに留意してください」

まさにBingの言うとおりで、子育ての目的は「自立」にあります。そして、子育て世帯が安心し、喜びをもって子育てができるように、社会全体で支援することが大切です。

ただし、「人任せにしない」「社会の責任にしない」「保護者が一番の責任を持ってするものである」というのも、まさにそのとおりで模範解答です。天晴れ、お見事——。

しかし、ただこれで終わってしまっては本書の価値がなくなりますので、子育てについてたしかなことを、私からみなさんにお伝えしておきましょう。

先のAIの回答の中で、「ハレーション」と呼ばれるもっともらしいウソを堂々とつくことがある生成AIにしては、ただひとつ婉曲的な表現をしている箇所があります。そこだけは、断定的な表現に替えてもいいでしょう。それはどこかといえば冒頭部分で、つまり「子育ての目的は子どもが自立することである、と思われる」というところです。これは「自立することである」と言い切っていいでしょう。子育てについては十人十色の考え方があるかと思いますが、子どもの自立を親が支えるということ、これは疑いもない事実です。

親が「子どもが困らないように」と手をかけて目をかけて、手助け・目配りできることなど、実に限られています。それに、いつまでも親が手助けしつづけるわけにもいきません。子どもには、自分で困難に打ち勝つ力、壁を乗り越える力が必要です。子育てとは打ち勝つ力、あるいは乗り越えるたくましい力を身につけて、自分で自分の人生を生きていくように育てることなのです。これがつまり、子どもが自立するということです。

これは、子どもが親から離れて親離れしていくこと、親も子どもから離れて子離れする、ということでもあります。「親離れ、子離れ」――これがすなわち自立ということであり、子育てなのです。

子どもとの適切な距離感

それでは、子どもが自分で自分の人生を生き抜くためには、どう育てていけばいいのか。その参考になる言葉のひとつに、アメリカン・インディアンの「子育て四訓」と言われるものがあります。

乳児は、しっかり肌を離すな、
幼児は、肌を離せ、手を離すな、
少年は、手を離せ、目を離すな、
青年は、目を離せ、心を離すな。

成長期のそれぞれの段階で大事なことが簡潔に述べられていますね。乳児は0歳～2歳、幼児は3歳～6歳、少年は7歳～15歳、青年は16歳～20歳ごろまでと考えるといいでしょう。要約すると、次のようになります。

乳児期は、スキンシップをしっかりとって母親の存在を通して安心感を与えなさい。

幼児期は、子どもに密着しすぎないで、過保護、過干渉にならないようにして、自立へと導いてあげなさい。

少年期は、自分でできること、自分で判断できることが増えてくるので、子どもにまかせるところを増やしながらも、良くない方向に走らないように目を離さないようにしなさい。

青年期は、自己が確立するときなので、自分のことは本人に判断をまかせなさい、でも、孤独感を感じやすい時期なので、心の内面を注意して見ていなさい。

親の子に対する距離感が適切に述べられており、「肌を離すな」から「手を離すな」「目を離すな」「心を離すな」と、順を追って「離してはいけない大事なこと」が象徴的に語られています。そして結局は、「いつか親は子どもから離れていきなさい」と言っているわけです。

いつまでも親が子どもに密着していては、子どもは育ちません。大切なのは、発達段階に応じ、距離を保つこと。親の子どもからの「離れ加減」「離れ具合」が、子どもの良き出会い、幸運な出会い、チャンスをもたらし、幸せを呼び込むのです。
親がお膳立てできることは、たかが知れています。それよりは、子どもが自分の生きるべき人生を自分の力で送れるよう、応援してあげることのほうが大切なのです。

肌を離すな、この時期は、スキンシップをとりなさい、
手を離すな、この時期は、そばにいてあげなさい、
目を離すな、この時期は、注意して見ていてあげなさい、
心を離すな、この時期は、子どもの思い、心を理解しなさい。

最初は子どもを庇護するために肉体的に密着して圧倒的な存在感を示す時期を経て、身体的にはだんだん離れていき、いずれはその存在を消すように、子どもの内面に影のように入り込んでいく――このような「子どもとの距離感」がわかってもらえると思います。この距離感が適切に保てれば子どもは、「親とは離れていくもの」と感じながらも、「自分を理解してくれる一番の存在である」ということを、青年期以降に実感することになるでしょう。
親が子どもから離れていくとき、子どもは自立していくのです。つまり、自立が子育ての目指す最終的な「育ちのかたち」です。そしてそのときこそ、子どもが自分の人生を生きているときでもあるのです。

02

子育ての「五事」と「七計」（始計篇）

書下し文

故に、これを経するに五事をもってなし、これを校するに計を以ってして、其の情を索《もと》む。

一に曰く道、二に曰く天、三に曰く地、四に曰く将、五に曰く法なり。

道は、民をして上と意を同じくせしめ、これと死すべくこれと生くべくして、危を畏れざるなり。

天は、陰陽・寒暑・時制なり。

地は、遠近・険易・広狭・死生なり。

将は、智・信・仁・勇・厳なり。

法は、曲・制・官・道・主・用なり。

凡そ此の五者は、将聞かざる勿《なか》れ、これを知る者は勝ち、知らざる者は勝たず。

故にこれを校するに計を以ってして、其の情を索む。

主孰《いず》れか道あり、将孰れか能有る。天地孰れか得る。法令孰れか行われる。兵衆孰れか強き。

士卒孰れか練れたる。賞罰孰れか明なる。

吾此れを以って勝負を知る。（始計篇）

現代語訳

つまり、五事を知り、計をもって戦力や戦況を比較検討して判断すべきものである。五事とは、第一に「道」、第二に「天」、第三に「地」、第四に「将」、第五に「法」である。道とは、民衆と君主の心をひとつに、将軍と兵士の心をひとつにすることである。天とは、日陰・日向、寒い・暑い、時の移ろいである。地とは、遠い・近い、険しい・易しい、広い・狭い、高い・低いである。将とは、知力、信頼、仁愛、勇気、厳格さである。法とは、軍の編成、統制、指揮命令、交通、職権、軍用品である。これらの五事は、将軍なら聞いたことがないということはあってはならない。これを知っている者は勝ち、これを知らない者は勝てないのだ。

そして、次の七計をもって校合し、戦力、戦況を判断する。それは、主君は、道理を知っているか。将軍は、有能か。天の時、地の利はあるか。法令は守られているか。兵士と民衆は、強いか。兵士は、訓練されているか。賞罰は、公正明大か。

私は、これらのことで勝つか敗けるかがわかる。

育児対訳

つまり、子育ては五事（子育てとは何かということ）を知り、七計（発達状態を知る手がかりとなる諸要素）をもって育ちの姿をあらゆる手段を使って見極めていくようなものなのです。

五事とは次のことです。

1：道、それは、子どもと心をひとつにすること、子どもの気持ちに共感することです。

2：天、それは、時間の移ろい、成長の発達段階を知ることです。

3：地、それは、親子関係を遠くにも近くにも感じさせる、お互いの距離感を自在に操る言葉がけの仕方です。

4：将、それは、知性、信頼、愛情、勇気と厳しさです。これらは望めば誰でも獲得できる人間的資質です。

5：法、それは、人間の脳の働き、知能の仕組みを知り、子どもが自分をコントロールできる人生の主人公となるために必要な、親の関わり方を知ることです。

そして、七計をもって子どもの育ちを把握して子育てがうまくできているかを確認します。

七計とは、

親は、子どもの気持ちに共感しているか。

親は、ポジティブ思考になっているか。

子どもの発達を見守っているか。

知能構造は、理想的な形をしているか。
子どもは、やる気、元気で、勇気があるか。
子どもは、自ら試行錯誤を繰り返しているか。
ほめて育て、怒らず、叱らず、叱ることのただ二つの効果を知っているか。

です。これらは発達診断で知ることができ、上手な子育てか下手な子育てかが、はっきりわかります。

子育ての「道」

はじめから長くなりましたが、大事なところですのでしっかり押さえておきましょう。何事もはじめが肝心です。兵法では、前項に続く言葉として、「戦う前には五事を知ることが大事」と言っています。五事とは「道」「天」「地」「将」「法」の五つ。これらは、次に挙げる「子育てに必要な五つの力」にそのまま当てはまります。

①子どもに共感すること
②成長の発達段階を知ること
③親子の距離感を自在に保ち操ること

④親として身につけたい力を備えること
⑤子どもの知能の構造を理解して、親がすべき関わり方を実践すること

「道」とは、将軍と兵士の心をひとつにすることです。すると兵士は将軍と生死をともにしようと思い、危険を恐れず戦いすすむ、将軍と兵士の意思が統一されて心がひとつになれば、兵士は危険を恐れず戦う、と言っています。

しかし、これを子育てにそのまま当てはめたのでは、親の権威主義的な子育てを礼賛してしまうことにもなりかねません。読者のみなさんの中には、「兵士は将軍と生死をともにしようと思うようになる」のなら、「お父さん、ぼくは死ぬ気でがんばります」と言える子になってくれるだろうか、と一瞬期待した方もいるかもしれませんね。

子どもの人生は子どものもので、親のためにあるのではありません。子どもには、自分の人生の主役になって生きていってほしい。将軍と兵士、飼い犬とご主人様という関係性ではなく、互いに一人の人間として向き合ってほしいのです。

本書では、兵法の人間を見つめる視点を子育てに置き換えて、あくまで比喩的に子育てを語るのに引用しています。すなわちここでは、孫子の兵法を子育て流に解釈するのに知恵が必要となります。

子育てとは、子どもが自立できるように、自分で判断して行動して失敗を乗り越えていける

ように言葉がけや関わりを通して成長を促していくことです。つまり自立するということは、子ども自身が失敗を恐れないで困難に立ち向かえるようになることです。子どもに、失敗を恐れず「何でもやってみよう」という気にさせるには、「親に受け止められている」という安心感が不可欠です。要は、「自分をわかってくれる、認めてくれる」と感じられるようにすることであり、「共感すること」が大事です。

親は子どもの喜びを一緒に喜ぶ、子どもは親が喜んでくれることがうれしい――それが「共感」です。これは、親子の心がひとつになっている状態です。この「共感力」は、人との信頼関係をつくり、心をひとつにするものです。

魔法の言葉「ママ、うれしいわ」

ここで、「共感」が簡単にできる言葉を教えましょう。共感できない人もたちまち共感できるようになり、共感できる人はもっと共感力が高まる、魔法の言葉です。

それが、「ママ、うれしいわ」です。

もしかすると、「えっ？」と戸惑ったでしょうか？「そんなことが共感につながるの？」と訝しく思った方もいらっしゃると思います。しかし、この一言が子どもの気持ちを引きつける、魔法の言葉なのです。

子どもが自分からすすんで何かをしてくれたら――たとえばお着替えを自分でしたり、登園前の準備を自分でしたり、お片付けを自分でしたりなど――、何でも自分ですすんでしたことに目を向けて、その場面を見逃さず、すかさず声をかけてください。


「ママ、うれしいわ」

「お母さん、うれしいわ」


そうすれば、子どもはママにほめられた、認めてもらえたと感じ、うれしくなります。ためしに、「ママ、うれしいわ」「お母さん、うれしいわ」と、一度言ってみてあげてください。子どもがふだんお母さんを呼ぶ呼び方で、「かあちゃん、うれしいわ」「おかん、うれしいわ」「おっかぁ、うれしいわ」「マミー、うれしいわ」「オモニ、うれしいわ」「ママン、うれしいわ」――なんでもかまいません。

ただし、「自分でできたね」「よくやったね」「きちんとできたね」「成長したわ」「伸びてるわよ」などと言ってしまっては、何の効果もありません。これは、子どもの見かけの姿に目を向けている言葉だからです。子どもにしてみれば、それは「自分がしたこと」であり、目を向けられているのは「自分自身」ではありません。子どもが目を向けてほしいのは、いつでも自分自身なのです。

「できた」「成長した」「伸びた」というのは「目に見えている結果」ですが、それよりも子どもが生きている姿、その存在そのもの、生きている瞬間、生きている過程――それを「ありのままの姿」といいますが、そこに目を向けて言葉をかけてあげることが大切なのです。

ほめ言葉とは、「うまい」「すごい」「上手」だけではありません。これらもたしかにほめ言葉の一種には違いありませんが、失敗を恐れないで進むまでの勇気にはつながりません。ほめ言葉とは、「失敗を恐れずに自分でやってみよう」という気にさせる言葉のことです。それには、親が子どものありのままの姿に目を向け、それを心の底から本気で喜んであげることです。すぐに実践できて簡単に効果の上がる「ママ、うれしいわ」という言葉は、母性愛にもとづいた親子の絆を強固にします。しかし、これと反対の言葉をかける方も多いと思います。

「ママ、そういうのキライなの」
「ママ、イヤなのよ」

こう言われてしまうと、子どもは「ママに嫌われている」と思ってやる気をなくし、自信を喪失します。「ママ、嫌い（イヤ）なの」を禁句として、「ママ、うれしいわ」を毎日一言、言ってあげてみてください。ほめるタイミングは、ほめられてうれしい場面です。忙しいからといって、「きのうは自分で準備してくれて、ママうれしかったわ」などとあとからほめても、意味がありません。

大切なのは、「うれしかった」ではなく、「うれしいわ」と、過去形ではなく現在形でほめることです。子どもの心につながるには、今ここ、今ここにあることから始まります。今この瞬間が、未来につながっているのです。未来は子どものこころのなか、今ここにある、と理解してください。

「ママ、うれしいわ」――この一言で幼児期の子はやる気になり、少年期の子は周りの世界のいろんなことに興味を持ちはじめ、青年期の子は「自分は理解されている、一人でなかった」と感じます。子どもはそれぞれの年齢で感情の問題が発生しますので、それぞれの成長に合わせたこころのコーチが必要となります。こころのコーチについてはのちにお話ししますが、個別に適切に対応していくことは、かなり難易度が高いことです。その場合でも、「ママ、うれしいわ」の一言があれば、どの発達段階にあっても子どもはこころを開いてくれるはずです。

2歳までのほめ言葉は、「上手上手」「おりこうさん」でもいいのですが、3歳になったらぜひ、「ママ、うれしいわ」を始めてみてください。

パパにとっての「魔法の言葉」は？

一方で、パパは子どもの気持ちに共感するとき、どんな言葉をかければいいのでしょうか？ママと同じように、「パパもうれしいな」でも悪くはありません。ただ、ママもパパも「うれしい」では芸がありませんね。

たとえば、子どもが食事後に、自分からすすんでお皿やお茶碗を片付ける手伝いをしたとしましょう。子どもは家族の役に立てて楽しそうでもあり、誇らしげな顔つきをしています。そういうとき、ママは「ママ、うれしいわ」の一言でいいのですが、パパは、こう言ってあげてみてはどうでしょうか。

「自分からすすんでやれるのって、楽しいね」

子どものよい姿に目を向けてあげて、それがどんなよい意味を持っているか、言葉にして子どもに伝えてあげるのです。こう言われれば、子どもは自信がついてくるに違いありません。すると、「パパは子どもの姿をふだんからよく観察していないといけない」「パパのほうがずっと大変だ」などと言われてしまいそうですね。しかし、大変か楽かの問題ではありません。子どもの育ちの姿を支援するときは、ママとパパとでは関わりのアプローチの仕方を変えてみることが必要なのです。それにより、子どもの育ちがよりいっそう鮮明になるのです。

これは、ママとパパの存在の違い、役割の違いからくるものです。性愛のもとになる情動は大脳辺縁系で発生し、そこに大脳新皮質が加わって辺縁系とつながったことにより、人間は母子間の愛情を育むことができるようになったという脳の進化の歴史があります。

『EQ　こころの知能指数』の著者ダニエル・ゴールマンは、「親子の愛情は家族生活の基盤であり長い時間をかけて一人前に育てていくのに必要な感情だ」と言っています。ママは愛情の基盤、愛情の基地であり、「ママ、うれしいわ」とか「ママ、大好きよ」というように、情動に響く言葉がけをすることが大切である。そして親子の絆のおかげで、長い時間はかかるけれど、個体として完成（自立）していく——というわけです。

パパは、子どもを産んではいないので、情動に訴える言葉よりも、行動の意味を伝える言葉がけをすることが重要です。先に述べた「片付けを手伝う」という子どものとった行動が、社会的に（家庭的に）どういう意味を持つのか、それを言語化して伝えるのです。

先の例は、4〜5歳の幼児を想定していますが、行動よりも子どもの感情に目を向けて、その感情を肯定しながら行動自体をも肯定するという言葉がけの例です。もう少し大きな子ども、たとえば小学3〜4年生なら、「自分でやってくれると、みんな助かるよ」などと、子どもの小さな行いが大いに家庭に貢献していることを伝えてみるといいでしょう。

パパの役割とは何か

１９５０年代からアメリカで始まっている、ある長期的な研究があります。それによると、５歳のときに父親が育児に携わっている場合、父親不在の家庭に比べてより共感、同情のできる大人に育つことがわかっています。父親の影響は、子どもの人生においてずっと残るものなのです。ワシントン大学の心理学の名誉教授であるジョン・ゴットマンは、次のように言っています。

「研究に参加した４歳までの人々のなかで父親の温かさを経験した人のほうが、社会的な人間関係が良好であるという傾向があった。そのため、幸福な結婚生活が長続きし、自分たちの子をもうけ、家族以外の人々ともレクリエーションを楽しめるということが知られている」

「発達心理学の観点からすれば、父親は単なる母親のお手伝いよりはかなり重要な役割を演じていることがわかる」

父親は、母親とは違った形で子どもとの関係を形成するもので、それはとくに社会関係の分野において顕著であり、つまり父親は、社会性の窓口になっているということです。実際、生後５か月で父親と十分に接する機会がある赤ちゃんは、見知らぬ大人のなかにいても、平気で見知らぬ人に向かって声も出し、抱かれてもいやがらず、また、父親との接触が多い1歳児は見知らぬ人と置き去りにされても、あまり泣かなかった、という研究結果もあります。

ハーバード大学医学部臨床小児科学准教授のマイケル・ヨグマン博士は、父親が早い時期から育児に参加するほど子どもは学業にすぐれ、問題行動を起こしにくくなる、と指摘しています。そして、父親が育児に携わった子どもには次のような特徴があるとしています。

・自尊心が高い
・言語能力がすぐれている
・学校の成績が良い
・うつや情緒不安定になりにくい

その理由としては、父親の関わりが、子どもに情動をコントロールする自制心と困難を乗り越える力、すなわち「レジリエンス」が育つことと大いに関係するからだと考えられています。

また、ヨグマン博士は、アメリカの小児科医であるT・B・ブラゼルトンとともに、新生児と両親のようすを観察した研究の中で次のように述べています。

・父親のほうが赤ちゃんに語りかけることは少なかったが、からだに触れることが多かった。

・そのあそびは子どもを情動のジェットコースターに乗せるかのようで、関心度の低いあそびからかなり興奮させる活動まで幅広く変化があった。

たしかに、父親の方が持ち上げたり、くすぐったり、転げまわったりという動作を含む、奇妙で独特なゲームを作り出す傾向があります。昔からある「高い、高い」のように持ち上げてみる、あるいは、父親が仰向けになって両足で子どもの腹を支え、両手を握り、空中に押し上げて子どもが飛行機のごとく空を飛ぶようにするあそびは、まさに父親の得意とするところです。

私自身、息子が小さかったころは、電車好きの息子を膝に乗せる「電車ごっこ」をよくしたものです。これは私が適当に（「ふさわしい」ではなく、その場の思いつきという意味の「テキトー」です）考案したものです。具体的には、パパがイスに座って子どもを膝の上に乗せ、パパは運転席のイスになり、子どもは運転手になります。パパは運転席兼車掌さんで、車内アナウンス兼駅構内アナウンス担当。「一番線に列車が入ります。黄色い線にご注意ください」と電車がホームに入構するところから始まり、「毎度ご乗車ありがとうございます。扉が閉まります」で出発。はじめはゴトンゴトンと小さく膝をゆすりながら、だんだんと揺れを大きくしていきます。

途中で鉄橋にさしかかるところでは、ガッタンゴットンと揺れを大きくしたり、トンネルに入るところでは、息子運転士の目をうしろから両手で覆って真っ暗にしたり、またあるところでは、突然脱線して息子は両足の間に落ちるというハプニングを起こしたりします。息子はこの電車ごっこが大好きで、何度もやってあげた思い出があります。毎回同じ内容でも子どもは大いに喜びますが、たまには突然飛行機やロケットに変身したりなど、違った展開にしてみてもいいでしょう。子どもはこんなあそびが大好きなのです。

父親との関わりと社会性の関係

ジョン・ゴットマンは、「父親の荒々しく暴れるあそびは、情動を学ぶ重要なきっかけとなっていると、多くの心理学者に信じられている」と指摘しています。別の研究では、父親がからだを使ったあそびが多い場合、子どもは同年齢の仲間たちの人気者になる確率が高く、その場合でも子どもにいろいろな強制、強要をしない場合に限って子どもが人気者になった、とも述べています。

先の電車ごっこでも、子どもから次々と鉄橋やトンネルを何度も要求してきますが、「子どもの言うとおりにしてあげること」が大事なのでしょう。「子どもが最も社会性を身につけるのは、父親が子どもとの相互の影響のなかでいつでも肯定的であり、あそびの流れを子どもに任せる場合のようである」とゴットマンも言うように、親が肯定的に関わること、子どもが自分の判断で動けるよう任せる、ということが社会性を身につけるためのカギになるようです。

古来、武器を持って狩猟を行い、敵と戦ってきた古代の父親の役割は、何千年も経て、一家の働き手として家族の安全と生活のためにお金を稼いでくることに変わり、それが今の時代にあっては、子どもの社会性を育てる大事な役目を担うことになりました。心理学者ロナルド・レヴァンは、次のように言います。

「単に家族を物質的に養うこととは違います。毎日そこにいて、尽きることなく変化しつづける肉体的、精神的ニーズに日々応えることなのです」

つまり、子どものからだの成長とこころの成長に目を向けて、そのときどきに必要に応じて適切に関わってあげることが大切で、「父親も子どもに関心を寄せ、注意して見てください」ということです。

からだを使った情動を揺さぶるようなあそびはパパの得意技で、それが子どもの社会性を育てるものである以上、ぜひそのあそびを通して、パパの存在証明をしてほしいところです。ただし、世の中にはシングルマザーのご家庭もありますし、必ずしもパパがいないといけない、と言っているわけではありません。しかし、せっかくパパがいるのにシングルマザー状態では、もったいないと思いませんか。

子育ての「道」とは、「共感」と「社会性」です。パパも積極的に子どもの気持ちに共感し、社会生活をスムーズに送れるように育てることが大切なのです。

子育ての「天」

兵法の「天」を子育てに置き換えれば、時の移ろいや時間の経過、つまり子どもの成長の発達段階のことを指します。発達段階とは、子どもがどのように育っていくかの指標にすぎませんが、子育てのなかでは、そのとおりに育っていないと普通ではないのだろうか、という疑念にとらわれることになります。しかしそんなことはなく、子どもにはそれぞれ個人差があり、それでいいのだと理解することが大切です。

発達段階にはいくつかの説がありますが、有名なのはピアジェとエリクソンでしょう。ピアジェは、0〜2歳を「感覚運動期」、2〜7歳を「前操作期」、7〜12歳を「具体的操作期」、12歳以降を「形式的操作期」の4段階に分けました。

感覚運動期：五感を使って自分や周囲のものを知り、自他を区別できる

前操作期：言葉やイメージを使って物事を認識し、自分で物事を操作できる

具体的操作期：論理的思考が発達し具体的な物事について考えることができる
形式的操作期：抽象的な物事について考えることができ、仮説検証や論理的思考ができる

感覚運動期は、このあとで詳しく述べますが、ギルフォードの知能因子でいえば「認知と記憶の力が発達する時期」、前操作期は「拡散的思考と評価の力が発達する時期」、具体的操作期は「収束的思考が発達する時期」といっていいでしょう。子育ては「つ」の付く年が大切だと言われます。「ひとつ」「ふたつ」「みっつ」「よっつ」「いつつ」「むっつ」「ななつ」「やっつ」「ここのつ」――つまり、数え年で1歳から9歳まで（満0～8歳）が大事だということですが、ピアジェが感覚運動期と前操作期を0歳から8歳までとしていることと重なります。

また、エリクソンの発達段階によれば、8段階それぞれのステージで、クリアすべき課題と障害があるといいます。

乳児期（0～1歳）　基本的信頼vs.不信
幼児期前期（1～3歳）　自立心vs.疑念
幼児期後期（3～6歳）　はじめての社会性vs.罪悪感
学童期（6～12歳）　勤勉性vs.劣等感
思春期（12～18歳）　アイデンティティvs.役割拡散

このあと高齢成人期まで続くのですが、本書では省略しましょう。たとえば、乳児期は基本的信頼が大切で、人間不信になるようなことは避け、愛着（attachment）を形成しよう、ということです。幼児期前期では自立心を育むことが大切で、疑念、つまり「自分ではできないかもしれない」という気持ちは抱かせないように、ということです。

ピアジェやエリクソンほど有名ではないのですが日本のおもしろい発達段階理論として、小田豊氏の「風船理論」があります。小田氏は大学で教鞭をとりながら文部科学省の委員などを歴任されるなど、幼児教育の分野で長年ご活躍された方です。

発達段階といえば、ふつうは階段を一つひとつ上っていく、という考え方です。風船理論では、幼児期から老年期までひとくくりにして、それがひとつの風船の中に入っている、と考えます。そして幼児期から少年期、青年期、成人期、老年期と順に発達していく発達もあれば、老年期から逆に幼児期に下がってしまう発達もあるのではないか、というのです。下がるといっても元に戻らないというわけではなく、また階段を上っていくこともあるだろう――小田氏はこのように述べています。

つまり、発達段階を目指すべきゴールがあるもの、ととらえるのではなく、目指すべきものは、一つひとつの風船しだいだということです。風船を大きくふくらませるのもしぼませるのも、どこかに飛んでいくのもその人しだい、というわけですね。

発達段階は十人十色

発達というのは本当に個人差があります。育児書を見ると、「うちの子は遅れているのではないか……」と心配になることがあるかもしれません。しかし一般的な発達段階としていわれていることに当てはまるのは、約半数とされています。つまり、残りの半分は実際には当てはまらないのです。

実際、私の息子は生後9か月たってもハイハイをしませんでしたが、「こういう発達もあるんだろうな」くらいにしか思っていませんでした。しかし、息子は1歳の誕生日を迎える前のある日、突然立ち上がったのです。このように、子どもは単純に発達段階を上っていくとは限らない、むしろそうでないことのほうが普通です。こう考えれば、育児に悩むことも減るのではないでしょうか。

小田先生の風船理論も、「みんながすべて同じように発達段階を踏んでいくことなどない、子どもは一人ひとり違うので、それぞれの発達段階を踏んでいけばいいのだ」ということです。「ほかの人と同じように」「みんなと違わないように」と思うから焦り、重荷になるのです。「お着替えさせて」「自分でくつ下はけない」「ご飯食べさせてくれないと食べられない」……などと床をころげまわって駄々をこねまくるという赤ちゃん返り、退行現象といいますが、これなどはまさに発達段階の逆戻りといっていいでしょう。このような姿を目の当たりにすると母親は、つい怒りたくなるものです。子どもを膨らんだ風船にたとえれば、針でつついて風船を割ったり、いっそのこと風船に付いているひもを手放してすっきりしたくなったりするかもしれませんが、「そういうこともあるか」くらいに思っていればいいのです。

「天」とは時期、発達段階といいましたが、それはまさに天から授かったもので、人さまざまなのです。

子育ての「地」

兵法で「地」とは、「遠い・近い、険しい・易しい、広い・狭い」のことである、というように、子育てでは「親子関係、親子の距離感」を指します。

親子関係は遠すぎず、近すぎず、心を狭くしないで広く持ち、厳しすぎず、甘やかしすぎずが大切です。関係が遠すぎるのは「過放任」や「ほったらかし」で、逆に近すぎることを「過保護」「過干渉」といいます。子どもとの距離感を適切に保つことが大切ですが、これがなかなか難しいと思う方が多いのもたしかです。

「子どもとのコミュニケーションのとり方がわからないのです。ほかのママたちは、どうやって子どもとコミュニケーションをとっているのでしょうか？」と相談を受けることがあります。たいていの場合、子どもが言うことを聞かず、口ごたえして困る、そして親が叱って黙らせる、というものですが、それはもとはといえば親のほうが口やかましいことが大きな原因です。つまり、親が子どもに言わなくてもいいことを言う場合が多いのです。

たとえば、「早くしなさい」「歯磨きしなさい」「片付けしなさい」——などと子どもと顔を合わせるたびに言ってしまうケースです。これらは子どもが自分からすすんですべきことで、親が口やかましく言う必要のないことですが、「なんでさっさとできないの？」と思うがゆえに、このような言葉が出ることになります。しかし、そう言ったところで子どもが行動するはずもなく、かえって子どもに逆襲されることになります。早い子では年中児から、年長児になると多く見られますが、多くの子どもは怒って次のように言い返してきます。

「言わなくても、わかってる！」

まるで「怒りの原因はお母さんにあるのだ」と言わんばかりですね。そう言われると親もついムキになり、売り言葉に買い言葉で、「わかってるなら、さっさとやりなさい」と、親子ゲンカが始まります。これが毎日続くと、子どもはお母さんの言うことなどにまったく聞く耳を持たなくなり、「ママ、また同じこと言ってる」という感じで、涼しい顔で聞き流すようになります。こうなると親子戦争勃発で、親子関係が冷たくなり、冷戦状態にまで発展することになります。

この状態に至ると「孫子の兵法」をひっくり返して見てみても、どうすべきかの戦術論が見当たらないほどです。すると親は、子どもに対してどうすればよいのかわからない、コミュニケーションの取り方がわからない、自分は何が間違っていたのだろうか——などと考えはじめることになります。

問題は、お母さんが口やかましいことです。対処法としては、言いたくなるのをぐっとこらえて、黙っているしかありません。「それができればラクなんだけど……」と言われるかもしれませんが、「できるわけがない」と思っていては、いつまでたってもできません。それにはまず、「口やかましく言ったところで、子どもにとっては何の利益にもなっていないのだ」と理解すること。そして、口やかましく言う自分にとっても何の利益にもなっていない、ということを知ることです。

どんなに口やかましく言ったところで、子どもは動かない。親はますます口うるさくなる、それが続くと感情的になり、叱りとばしている自分がいる——そんな事態では何も好転せず、それどころか親子関係が気まずくなり、最悪の状態に陥っているのです。

「こころのコーチ」で子どもに共感する

ここで使ってみたいのが、「こころのコーチ」というものです。これは、子どもの感情に気づいて共感し、感情を言葉にして解決策を見出すという方法です。「子どもの感情に気づいて行動を変える」というスキルを提唱したハイム・G・ギノット博士*は、親子間のコミュニケーションをテーマとした著作を複数発表していますが、それを読むとその時代の雰囲気や１９６０年代のアメリカの家庭のようす、それが今へとつながるアメリカの社会の変遷がよくわかります。60年代は、経済力とフェミニズムが台頭し、父親を核とした家族システムに一撃を与えて家族の変容を促し、女性は労働力として社会進出をして毎年その数が増えていった時代です。

＊ハイム・G・ギノット（１９２２－１９７３）：臨床心理学者。コロンビア大学で博士号を取得後、子どものセラピストとして活躍し、親の教育プログラムを実施。１９６５年に発表された『子どもの話にどんな返事をしていますか？』は、子どもとのコミュニケーションの取り方に苦戦している親や教師にとってのバイブルと称される。ほかの著作に『子どもに言った言葉は必ず親に返ってくる』など。

１９６０年のアメリカでは、就学前の子どもを持つ就労女性は19％しかいませんでしたが、１９９０年になると59％にまで上昇しました。日本では、２０１３年時点で就学前児童を持つ就労女性が33・３％。子どもの年齢が上がるにつれて就労率が上がり、子どもが６歳の世帯では64・3％となっています。2021年時点では、18歳以下の児童を持つ就労女性の割合が75・9％と過去最高となっています。

2022年の総務省の就業構造基本調査によると、女性就業率は過去最高の53・2％、未就学児の子育てをしながら働いている人の割合は85・2％で、前年より5・9％上昇して過去最高となりました。未就学児を持つ就労女性の割合は、この10年間でなんと2・5倍になったということになります。

これは驚くべき数字のように思えますが、私の幼稚園で2015年にとった保護者アンケートの結果では、就労している母親が約6割でした。また、子どもが在園中に仕事を始めたいと考えている母親も相当数いて、「就労している」もしくは「就労したい」と考えている母親の数を合計すると9割に上ったことを考えれば、10年近くも前から、いずれこうなるべき必然の姿だったといえるでしょう。

1960年には、アメリカの全家庭の42％が男性一人の収入に頼っていましたが、1988年には15％まで落ちこみ、共働き世帯が増えていることを示しています。社会の変化による従来の父権主義的な父親像や、一家の大黒柱という概念が打ち砕かれていった時代です。

昔のテレビアニメ『トムとジェリー』では、悪さをすると親にお尻を叩かれたり、学校で先生に叱られるとタイムアウトといって部屋の隅の高いイスに一定時間座らされたり、という場面がありました。1950年ごろまでの古きよきアメリカ（oldies but goodies）、ある意味父権主義が元気であった時代から、しだいに旧来の男性性の概念が変貌していった時代です。これが現在につながって「ジェンダー」といわれたり、ＬＧＢＴＱにつながっていったりしたのでしょう。

複雑な子どもとのコミュニケーション方法

ギノット博士の著作に、ある電気店の主人の話があります。博士が電気店に行くと、その主人は博士に「あんたがしつけについて言ってることには、賛成しないね」と言います。そして手のひらを広げて「これが私の心理学だよ」と誇らしげに言うと、ギノット博士は、「ステレオやテレビを修理するときも、その『手のひら療法』を使うのですか？」と尋ねました。すると主人は、「いや、とんでもない。電気製品を修理するときは、スキルと知識が必要さ。なにしろ複雑な機械だからね」と言った、という逸話です。

「子育てもまた、スキルと知識が必要なのである。手を上げても（電気製品は壊れるだけで）直すことはできないのと同じように、体罰で子どもが態度を改めることはない。罰を受けたから今後は行いを改めよう、罰を与えた大人に好かれたいから責任感をもって協力的になろう、という子どもはいないのだ」

子どももまた、電気製品とは比べ物にならないくらい、複雑にできているのです。ギノット先生は、子どもとのコミュニケーションは、敬意とスキルにもとづかなくてはならないと述べました。そのためには、次の2つが重要となります。

・メッセージが親の自尊心だけではなく、子どもの自尊心も傷つけないものであること
・忠告や指示を与える前に理解を示すこと

そしてこれには、子どもの気持ちを汲んで言葉にすることが必要だと言っています。

「こころのコーチ」の5つのステップ

ギノット博士の教えをもとに、次のような場面でお母さんはどうすればいいのか、考えてみましょう。

「いつになったら片付けるのよ。部屋を散らかしっぱなしにしないでって言ってるでしょ」
「あとでやるわ。わかってるの。もー、ママ、言わなくていいの」

「言わないと、あなた何もやらないじゃない！」

「ママだって、階段に置いてある箱、全部片付けてよ！」

「大きなお世話よ。あれは通販で買ったママの大事なものなのよ」

「私だって、大事なおもちゃなんだから。遊んだっていいじゃないの」

「遊ぶなら、片付けなさいって言ってるのよ！」

「あとでするからいいの。もー、ママが悪い！」

「親に向かってたてつくんじゃないの！　言うこと聞きなさい、このわからずや」

「わからずやじゃないわ、わかってるわ！」

「わかってたら、さっさとやりなさい！」

「わからないのは、ママのほうだわ。もう、ママなんか大っ嫌い！」


結局、子どもは部屋を片付けずに出ていってしまった……というこのケースにおいて、お母さんはどうすればよかったのでしょうか。まず注目すべきは、子どもが感情的になったときに親も一緒になって感情的になってしまった、それが親子ゲンカを引き起こした原因だということです。イラっとする気持ちを抑えて、こう言ってみればいいと思います。

「今日もおともだちが来てくれて、仲良く遊べたわね。あら、部屋のなかがこんなに散らかっている。こんどおともだちが遊びに来たときに、大事なおもちゃがなくなってたら、困るわね」

つまり、子どもが楽しく遊べて満足した、という気持ちに目を向けてあげて、部屋の状態を冷静に見つめてみるように促すと、子どもは親の言うことを素直に聞いてくれたはずです。

親子関係を良好に保つには、子どものこころのコーチ力を身につけることが必要です。こころのコーチとは、次の5つのステップから成っています。

ステップ1　子どものこころに気づく
ステップ2　感情のゆれるときを、子どもに近づき教育するチャンスととらえる
ステップ3　共感をもって子どもの話を聞き、子どもの感情を妥当だと認める
ステップ4　子どもの抱いている感情の特徴をとらえてそれを言葉に置き換える
ステップ5　直面している問題の解決策を考えながら、限界を設定し、節度を守らせる

ステップ1は「気づき」であり、2は「チャンス」、3に「共感」、4に「言語化」、5に「問題解決」――と覚えると、一連の流れがすっきり頭に入ってくるのではないでしょうか。

つまり育児における兵法の「地」とは、家庭環境や親子のコミュニケーションを良くするこ

となのです。

子育ての「将」

「将」とは、その字のとおり将として身につけるべきもので、「知力・信頼・仁愛・勇気・厳格さ」です。「仁愛」とは「思いやり・いつくしみ・情け」のことで、「信頼・勇気・厳格さ」は文字どおりの意味ですが、字面を見てもいかにも重い感じがしますね。親として身につけておきたい力であることはわかっても、それが身についていると実感する方は、さほど多くないかもしれません。

「こうした徳目は、ごく一部の聖人君子か偉人か、特別な人にしかできないことだろう」——というのは、その人の心のなかには「無理なものは無理」「できないことはできない」「人間の運命はほぼ遺伝子で決まるので、成長できるわけがない」「人間の能力は努力や経験で変えられない」という思いがあるからではないでしょうか。世界は客観的で固定したものだという思い込みに起因するように思います。

アインシュタインは「特殊相対性理論」で、多くの不動に見える宇宙の法則も観測者によって違ってくるのだ、と言いました。客観的で固定的に見える世界では不可能に思われたことが、突然可能になることがあるのだというのです。

ポジティブ心理学の第一人者の一人、ハーバード大学のショーン・エイカーも、次のようにいっています。

「私たちが経験するすべての瞬間は、脳によって主観的にそして相対的に認識される。別の言葉で言えば、『現実』というのは、それをどこでどのように見たかにもとづき、その人の脳が相対的に理解したものにすぎない。大事なのは、この視点が変えられるということだ。視点が変われば、つまり『マインドセット』を変えれば世界をどのように経験するかも変えることができる」

つまり、マインドセットを変えれば、人間はどのようにも変えられるということです。であれば、「今のままでいい」というよりは、「もっとよくなる方に伸びていく道を選択したほうがよさそうだ」ということになりませんか。

マインドセットとは、心のあり方、心の持ち方という意味です。マインドセットにはふたつあり、ひとつは固定マインドセット、もうひとつは成長マインドセットです。前者は、「自分の能力は固定的で変わらない」と信じる心の持ち方ですが、後者は「人間の能力は努力しだいで伸ばすことができる」と信じる心の持ち方です。両者の違いと特徴について、スタンフォード大学の心理学者キャロル・ドゥエックの著作から、おおまかにまとめてみましょう。

・固定マインドセット
：つまずいたらもうそれで失敗と考え、努力は忌まわしいことであると考える
・成長マインドセット
：成長できなければ失敗で、努力こそが人を賢く有能にしてくれると考える

固定マインドセットは、「能力のある人はあるし、ない人はない」と考えていて、自分が能力のない人だと思われるのを嫌い、ミスしてはならないという切迫感から、完璧にできなくてはいけないと思っています。1回のテストや1回の評価で自分の価値が永遠に決まってしまうと思っているため、失敗しそうなことやできそうもないことは、やろうとしません。チャレンジしてできなければ、自分は頭が悪いのだと簡単に自信を喪失します。努力は能力のない者がすることで、努力などしたら自分の価値を下げるだけだととらえ、自分が他人からどう評価されるかを気にします。

一方で成長マインドセットは、天才であっても何かを成し遂げるには努力する必要がある、と考えています。自らすすんで困難に挑戦し、それを糧にして成長していきます。思いどおりにいかなくても、うまくいかないときにこそ粘り強くがんばりを見せます。つまり、自分を向

上させることに関心を向けます。

固定マインドセットと成長マインドセット

さて、みなさんは、固定マインドセットと成長マインドセットのどちらでしょうか？——とはいえ、はっきりとどちらかに分けられるわけでもありません。誰もが二つのマインドセットの両方を併せもっていて、そのどちらに比重をかけるかという点が重要なのだと思います。みなさんは、どちらを重視するでしょうか？

ここで、子育てにおいて固定マインドセットと成長マインドセットが子どもにどのような影響を与えるか、考えてみてください。成長マインドセットとは、いわば成長・向上することに目を向けて困難に立ち向かうという、ポジティブ思考です。それに対して固定マインドセットは、失敗を恐れ、他人の悪い評価を気にして、努力は無駄なことだ、と考えるネガティブ思考です。

親がポジティブ思考かネガティブ思考かは、子どもにどのような影響を与えるでしょうか。言うまでもなく、ポジティブ思考であれば子どもは前向きになり、自信とやる気と勇気を持って物事に取り組むことができます。それに対してネガティブ思考では、子どもは自分が否定・批判されていると感じて自信をなくし、すべてのことに嫌気がさして何もしなくなるでしょう。

親もポジティブ思考であるほうがいいのです。

ショーン・エイカーは、次のように述べています。

「人間の脳は、ふつうのときでもネガティブな気分のときでもなく、ポジティブな気分のときに最もよく働くようにできている、ということが証明されている」

子どもの脳がよく働くには、子ども自身がポジティブな気分であることが重要で、それには親自らがポジティブでなければならないのです。バーバラ・フレドリクソンらの研究では、ポジティブ感情がとても重要な進化上の目的を持っているとしています。フレドリクソンの「拡張－形成理論」と呼ばれるもので、ポジティブ感情を高めることで思考や行動の幅が広がり創造的になり（これが拡張理論）、知的リソース・社会的リソース・身体的リソースという個人的資源が形成される（これが形成理論）というものです。

知的リソースとは、知識、創造性、洞察力などの認知力のことで、社会的リソースとは、友人、家族、コミュニティーなどの人間関係のこと、身体的リソースとは、健康や免疫力などの生理的なもののことです。ポジティブ感情が、認知力を高め人間関係を豊かにし、健康なからだをつくるということです。

さらにショーン・エイカーは、「ポジティブ感情によって、脳がドーパミンやセロトニンといった化学物質で満たされると、それらは単に気分をよくするだけでなく、脳の学習機能をつかさどる部分の活性を高める」「神経細胞の連絡が密になり、そのために素早くクリエイティブに考えられるようになる。その結果、複雑な分析や問題解決がうまくでき、新たな方法を見出したりすることもよくできるようになる」とも言っています。これはのちほど述べる、試行錯誤しながらあきらめないで粘り強く取り組み問題解決策を考えるということにつながります。このように、ポジティブ感情を持ってポジティブ思考をすることが、子どもと子育てには重要です。

ここで、現在あなたは固定マインドセットか成長マインドセットのどちらなのかを知るために、以下の質問に答えてみてください。

A：新しいことに挑戦するのが好きですか？
B：自分が失敗したときにどう感じますか？
C：他人の成功に対してどう反応しますか？

Aの質問に「好き」と答えた人は、「成長マインドセット」。「嫌い」は「固定マインドセット」です。

Bの質問に「自分はダメな人間だ」と答えた人は、「固定マインドセット」。「もう一回やってみようと考える」と思うのが「成長マインドセット」。

Cの質問に「才能があったから、運がよかったから」と考えるのが「固定マインドセット」。「努力したから」と考えるのが「成長マインドセット」。

さて、あなたはどちらだったでしょうか？

子育てのポジティビティ比は「3：1」

ただし、必ずしも「成長マインドセット」がよくて「固定マインドセット」が悪い、と断じているわけではありません。先に述べたように、人間はどちらも併せ持っていて、ポジティブもネガティブもどちらも重要な感情なのです（でなければ、とっくの昔に人類は、「能天気者」に進化を遂げているはずです）。ポジティブ感情は逆境に打ち克つ強さにつながりますが、ネガティブ感情は、危険回避や危機管理、自己省察をしたり哲学的洞察をしたりする力につながります。

要はこのネガとポジ（今のデジタル世代は知らないと思いますが、昔のカメラのようです）の割合をどうするか、ということです。このことについてフレドリクソンは、ポジティブとネガティブの黄金比は3：1であると述べ、マルシャル・ロサダとともに、繁栄（flourish）に向から人とそうでない人を分ける具体的な「ポジティビティ比」を割り出しました。

ロサダが数学を用いて割り出したその計算によると、正確には２・９３０１：１。「ポジティビティはネガティビティの三倍を超えたとき初めて、人が繁栄するのに十分な量となる」ということを発見しました。そして、そのことをフレドリクソンが心理学の手法で確かめました。

ロサダの発見は、ビジネスの場における業績の上がるチームと上がらないチームの研究を通してであったのに対し、フレドリクソンは、繁栄状態にある個人とそうでない個人ではどう違うかを、各人のポジティブ感情とネガティブ感情のようすを毎日自己チェックしたものを集計して調べるものでした。結果、「繁栄」状態にある人は３：１以上であったのに対し、「繁栄」状態にない人は３：１以下だったことがわかりました。大多数の人は２：１あたりなのだそうですが、しかしそれではまだ「繁栄」には遠いということです。ポジティビティ比は３：１がよいのです。


私自身は「固定マインドセット」か「成長マインドセット」のどちらかというと、私は子どものころからずっと人の評価が気になり、失敗は恥ずかしいことで、失敗が怖くて積極的にやろうとしない、頭が良くて才能があれば努力する必要はないと考えていました。完全に「固定マインドセット」だったわけです。けれど、社会に出てからはだんだんとその考え方が変わってきたように思います。今はおそらく、固定と成長との割合が五分五分ぐらいにはなったでしょうか。

繰り返しますが、ネガティブが一概にすべて悪いということでもなく、「繁栄する人生をつくるために、『適切なネガティビティ』はなくてはならない材料だ」とフレドリクソンも言っています。ジョン・ゴットマンも、「ネガティビテイにも生産的なものと破壊的なものがある」と言い、たとえば「対立」は生産的なネガティビティで「侮蔑」は破壊的なネガティビティであると述べています。

私の半分はネガティブであるというのも、仕事柄関係があるのかもしれません。幼稚園というところは、いつ何が起きるかわからないところです。突然思いもよらない大きな事故が起きる可能性があり、それでいつも最悪の事態になったときを想定して、園の管理運営を行っています。

私にとってネガティビティは必要な要素で、ポジティビティ比は五分五分でよいのだ、と考えています。ただ、子育てするみなさんは、ポジティビティ比3：1を目指して、マインドセットを成長3：固定1になるようにしてみてください。

脳は年老いても変化する

固定マインドセットを成長マインドセットに変えるといっても、ロボットの部品を交換するように両者を入れ替えたり、もちろん一気に変えたりすることはできません。しかし固定マインドセットであっても、成長マインドセットの考えを取り入れることで確実に変わっていきます。ドゥエックの言うように、「古い信念がまだ残っているところに、新しい信念が芽生え、それがだんだんと強くなるにつれて、今までとは違った考え方や感じ方、ふるまい方ができるようになる」のです。

つまり、ポジティブ思考で子どもを育てようとすれば、ポジティブな子育てになっていくし、子ども自身もポジティブ思考に育つ、ということです。そのためには、ギノット博士の「ほめるときは、子ども自身の特性ではなく、努力して成し遂げたことをほめるべきだ」という言葉こそ、親自身が成長マインドセットに変わっていくのに重要な言葉であることを心に留めておきましょう。

成長マインドセットだという人は、今のままでいいでしょう。しかし、もしも固定マインドセットの傾向が強いのであれば、成長マインドセットになるよう、今日から自分の考え方や感じ方、物の見方を変えてみることをおすすめします。「もう、大人だから無理」と言う人も、そんなことはありません。脳は自ら変化するのです。それを脳科学の専門用語で「神経可塑性」といいますが、これは脳の最も重要な特質だとされています。大人になっても、80歳のおじいちゃん・おばあちゃんになっても、たとえ脳が半分しかなくても、変化するのです。

スウェーデンの精神科医アンデシュ・ハンセンの著作『運動脳』には、こんな事例が紹介されています。

アメリカのヴァージニア州で生まれたミシェル・マックは、出生直後から肢体に異常が見られ、CATスキャンを撮ったところ、左脳の90%以上が欠如していたことがわかりました。そのため、生まれつき右手右足が不自由で、3歳になっても歩くこともできず、言葉も遅れていました。しかし驚くべきはこのあとで、彼女は欠けていた能力を発達させて歩くことも話すこともできるようになり、ふつうの生活を送れるようになりました。ミシェルの右半球の脳が、失われた左半球の機能を補っていたのです。つまり、脳は間違いなく、変わるものなのです。

ほかにも、イギリスの詩人ジョン・ミルトンは叙事詩『失楽園』で、「心はそれ独自の場所である。その中で地獄から楽園を作り出すことも、楽園から地獄を作り出すこともできる」と書いています。心の持ち方ひとつで、世界は決まります。

中国・宋の時代に禅宗の公案を集めた『碧巌録』という書物がありますが、そのなかに「百花春至って誰がために咲く」という言葉があります。この「百花＝百の花」とは、たくさんの花々のことです。たくさんの花が春になって誰のために咲くのか、みなさんはわかりますか？禅問答だけに難解な問題ですね。その意味は、次のとおりです。

蝶も蜂も花に群がるけれども、花の美しさはわからない。鳥も犬も猫も花の美しさはわからない、色さえもわからない。ただ、花の美しさを知るのは人間だけ。花は人間のために咲く、人はその花を見て喜び笑う。

しかし、空腹で倒れそうな人や金もうけに夢中になっている人は花を見ても笑わないかもしれない。花を見て笑える心というのは、食欲や色欲など人間の欲望とは別の心が花を見て笑わせる。花を見ても貯金が増えるわけでも満腹になるわけでもない。しかしそれでも花を見ていくらでも笑える、そういうすばらしい心が人間にはあって、それが人間の本性だと知ることが大事なのだ。そうなれば、世の中すべてが花のように見える、何を見ても花、石を見ても土を見ても水を見てもありとあらゆるものが花となって朝から晩まで一日中喜びになる。

——たしかに、京都の龍安寺の庭の石をずっと見ている人もいれば、川の流れをずっと見ている人もいて、土に掘られたアリの穴をずっと見ている人もいます。そういう人は、その時間幸福を感じているに違いありません。人間には欲望から離れた心があって、それをマインドセットすればすべてが喜びとなる——人間は、経済合理性にもとづいて最大の利益を得るために個人主義的に行動する「ホモ・エコノミクス」ではなかったのです。

あらゆる子どもは「ホモ・エフティヒア」

花を見ても、石を見ても、土を見ても、水を見ても、ありとあらゆるものが花となり一日中が喜びだというように、人間本来の姿とは「幸福」です。「幸福でありたい」と思わない人はいません。「幸福の人間」、これを私は「ホモ・エフティヒア」と呼んでいます（これはラテン語とギリシャ語の私の造語ですが）。自分は不幸だと思う人は、「お金がないから幸せでない」とか、「学歴がないから不幸な人生だ」「身長が低いのは低能であるよりも惨めである」という、個人個人が無意識のうちに欲望にもとづいた偏見を持ち、知らず知らずのうちに物の見方や価値観にバイアスをかけているからです。バイアスとは、偏見、思い込みのこと、認知心理学でいうスキーマですが、そうではなく、無用なバイアスを外せば、人間は本来どこにでも幸福を見つけることができるもの、それが人間の本性であると『碧巌録』は説いている、と私は解釈しています。

子どもは、まさに「ホモ・エフティヒア」そのものです。子どもに偏見はありません。毎日毎日、朝目覚めたときから夜眠るまで、幸せそのものなのです。「ホモ・エフティヒア」という存在に相対してそれを育てていくには、親も心をまっさらにして「ホモ・エフティヒア」であるのがいいのです。

私は「固定マインドセット」「成長マインドセット」という2種類に、「幸福マインドセット」を加えたいと思います。「幸福マインドセット」とは、うれしい、楽しい、おもしろいという感情に根差すもので、すべての偏見のない心の持ち方です。それは、脳がドーパミンやセロトニンといった化学物質で満たされた気持ちの良い至福のときです。

子育ては「成長マインドセット」と「幸福マインドセット」でする、これが「将」です。

子育ての「法」

兵法の「法」とは、「軍の編成・統制・指揮命令・交通・職権・軍用品」であり、「集団の統制・指揮権・職権・組織管理とそれに必要な物品」ということです。要は戦闘集団が一人の将軍、司令官にたよることなく、自立した集団として機能するにはどうすればいいか、何が必要かということです。

これを子育てに置き換えると、子どもの自立に必要なものは何か、ということですが、自立は脳の働きそのものですので、つまり知能の働きとなります。私の幼稚園では、子どもの自立の姿を把握するために客観的テストを行い、その育ちを客観的にとらえるものとして、「発達診断」というものに取り組んでいます。

具体的には、アメリカの心理学者J・P・ギルフォードの知能理論にもとづくテストを実施し、その結果を点数化し、知能因子ごとの数値を算出します。各知能因子の数値を図表化したものを「プロフィール」と呼んでいますが、その位置関係により、子どもの育ちの姿と親の養育姿勢を読み取ることができます。子どもの育ちという数値化しにくいものを客観的データとして把握することができて、それをもとに育児支援につなげる、まさにデータドリブンの子育てプログラムであるといっても過言ではないでしょう。

これは山梨県甲府市にある岩田学園の岩田紀生前理事長が発見されたものですが、おそらく世界的に見ても例のないもので、ノーベル賞に幼児教育賞がもしあれば、受賞に値するほどの功績だと私は考えています。日本では15園の幼稚園と保育園が集まり、（一社）幼児発達診断学会を設立して発達診断の研究に取り組んでいますが、私はその団体の代表理事をつとめています。

本園では、この発達診断をもとに20年間で延べ５０００人の保護者と面談を行ってきましたが、「子どもの姿がよく現れている」とみなさんは驚かれます。どうしてそんなことがわかるのか、と思われるでしょうが、子どもの姿、つまり子どもの行動、子どもの思考は、子どもの脳の働きそのものであるのです。ですから、知能の働き具合を見れば、子どもの姿とそれを養育する親の姿が見えるのです。「子は親の鏡」という言葉もありますね。

ここで、ギルフォードの知能理論をおおまかに説明しておきましょう。ギルフォードは、人間の脳が知覚を通して受け取る情報として、図形、記号、概念があると考えました。当初は「図形」を「figural」と呼んでいましたが、のちに「visual」と変え、その訳語には当初の「図形」という用語が充てられています。フィギュラルにせよヴィジュアルにせよ、「目に見えるもの・形のあるもの・触れることができるもの」「視覚的・触覚的に知覚できるもの」という意味です。広くとらえれば、現実世界に実在するすべてのものやことといえますが、具象的なもののことといってもいいでしょう。

「記号」(symbol)は、文字、数字、記号のことです。フェルディナン・ド・ソシュールの言語学で言う「シニフィアン」と「シニフィエ」――「意味するもの」と「意味されるもの」の一対一の関係にあるもの、ということです。こちらは図形に対して抽象的なことといえます。一方で「概念」(semantic)とは、「意味・言葉」のことで、「言語的に処理する情報」です。

これらの人間の身の回りにある情報をどのように処理するかを、「脳の働き」と呼んでいます。それには、認知・記憶・拡散的思考・収束的思考・評価の五つがあるとしています。

認知(cognition):理解力
記憶(memory):記憶力
拡散的思考(diversion):創造力、想像力、いろいろなことを思いつく力
収束的思考(conversion):論理的に考えてひとつの正解を見つける力

評価（evaluation）：判断する力

これらの領域の3つの力、働きの5つの力を「知能因子」といいますが、この知能因子の位置関係で子どもの発達のようすがわかるのです。

発達診断から見えること

次に、発達診断プロフィールの解析の仕方について簡単に触れておきましょう。

認知と記憶は、5つの働きのなかで最もはやくから、生まれたときから発達する力です。2歳ころまでは、この二つの知能がすさまじい勢いで伸びています。認知と記憶は5つの知能因子のなかで、のちに拡散的思考、収束的思考、評価の力の土台となる基礎的な働きをする知能因子です。位置的にはDQ線（各因子の加重平均）の左側にあるのがいい位置で、ここにあれば3歳以上なら自立の姿に育ってきているといえます。

拡散的思考というのは発想力や創造力ですが、これは、子どもの意欲、やる気、積極性、明るさという姿に現れます。この力はほめること、共感することで伸びていきます。

収束的思考は、論理的に考えてひとつの正解を見つける力のことです。几帳面、がんこ、こだわりが強い、うまくできるかどうか結果を気にする、新しい環境になじむのに時間がかかる、などの姿に現れます。この力は、親が結果ばかりを気にしすぎていたり、きちんとさせることを意識していたりすると、無駄に伸びていきます。ほかの知能因子と比べて伸びすぎているときは、うまくできることしかやらない、できそうもないことはさっさとあきらめる、できないと癇癪をおこす、親の顔色を見て動く、まわりの意見に左右される——といったように、自分に自信がない面がある一方で、こだわりが強い、がんこ、人の言うことをまったく聞かないという意固地な、相反する姿を見せることがあります。これはどちらも親がうるさい、親の判断、意見を押し付けているのが原因です。この力が平均線の左側にあれば、親が叱りすぎて子どもは嫌がり、怖がっている状態です。名前を呼ばれたらすぐに「ごめんなさい」と謝るのは、まさにこの形です。

この力は、伸ばそうとしてはいけないが、伸びないのもいけないというものです。叱りすぎない、できないことを無理にさせない、子どもと対話を通して子どもを親の思いや価値感でひっぱりまわさないようにすることが重要で、「そっと支える」という感じで自発的な行動を促すのが、いい関わり方です。収束的思考は右にあっても左にあってもよくなくて、ＤＱ線上が理想です。

評価は判断力で、子どもが自分で判断する力を示しています。これは子どもに判断の機会を与えて、判断に任せるという態度をとれば、伸びていきます。ＤＱ線の右に他の因子よりも伸

図1　発達診断プロフィールの例

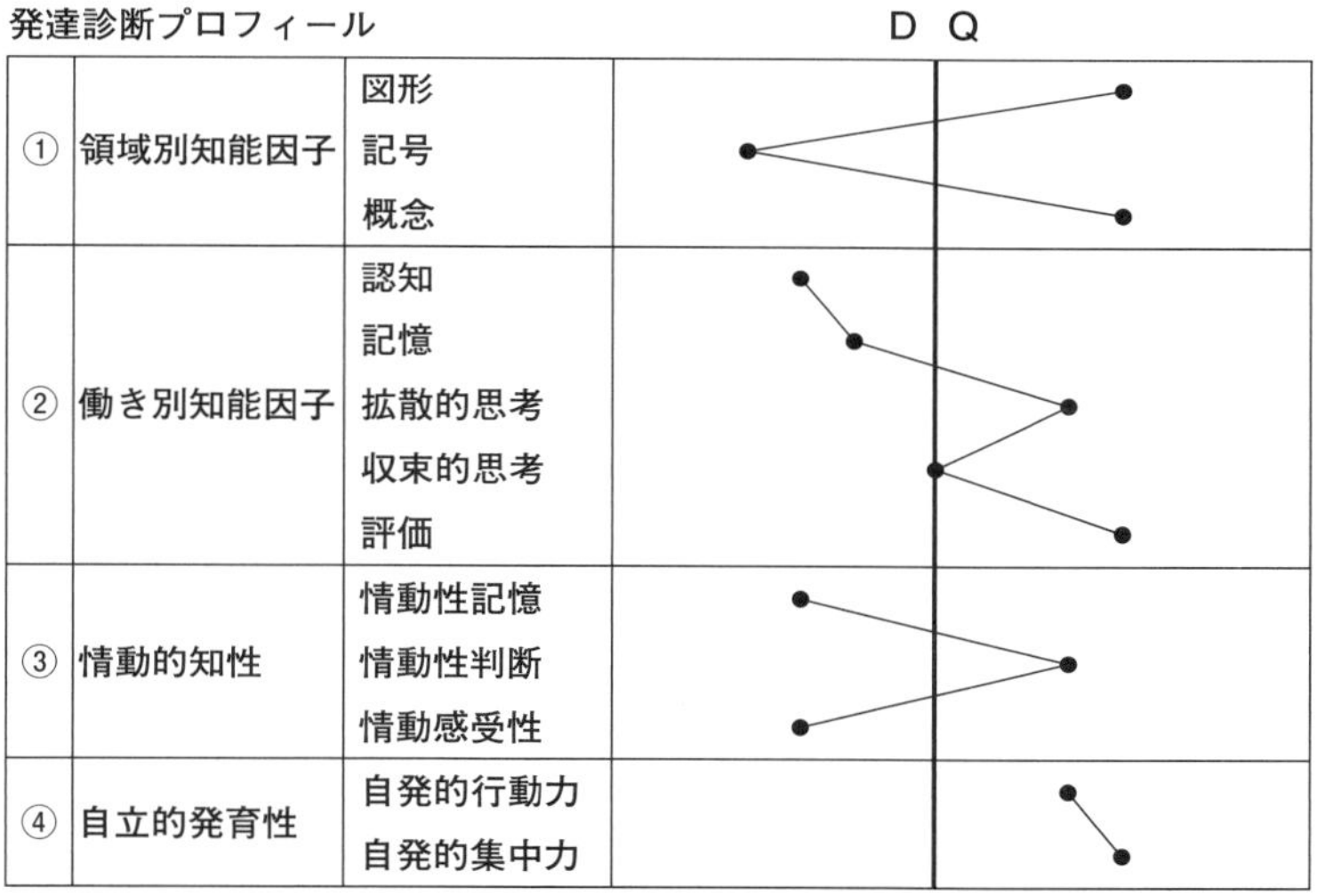

びているのがよく、逆にDQ線の左にあると、自分で判断できなくなった状態です。

プロフィールの①と②は、子どもの育ちのようす、子どもの姿そのものを表しています。③と④は、その子どもの育ちの姿の背景となるものを表しています。それはすなわち、家庭環境です。親と子の関わりのようすということです。
③の情動的知性としては情動性記憶、情動性判断、情動感受性、④の自主的能力として、自発性行動力、自立性集中力の5つがあります。知能因子が子ども自身の力を示すものであるのに対して、これらの力は養育者の子どもへの関わり方を示すものであることから、知能因子とは区別し、本書では「環境因子」と呼んで話を進めましょう。
③と④の5つの力は、子どもの行動に直接影響を与えるものです。これにより、親の養育態度がわかりますので、子育ての指標として使えます。これはまさに、孫子の兵法でいう「戦力」――「戦況を判断する指標の七計」というべきものです。
これに子どもの姿を示す知能因子の8因子を合わせて、5＋8の十三計を用いれば、親子関係、家庭環境が手に取るように見えてくるというわけです。このことについては、これから追って、孫子の兵法に隠された意味をひも解きながら、それを子育てに置き換えてお話ししていくことにしましょう。

つまり子育ての「法」とは、自立した姿につながる知能構造を知り、その理想とする形を目指して育てるということなのです。

03

子育ての「詭道」（始計篇）

書下し文

兵とは詭道《きどう》なり。（始計篇）

現代語訳

戦争は、敵を偽り欺くことを道理とする。兵法とは、ダマしあいである。

育児対訳

子育ては、親は自分を偽り、子どもを欺くことを道理とするものです。

それは、親が自らの思考パターンを変えて自分を偽りつつ子どもと接することで、それはあたかも子どもを欺いているがごとくであるのです。

「刷り込み」と「バイアス」

「子育ては、自分が育てられてきたようにしか育てることができない」という格言を、みなさんは聞いたことがあるでしょうか。

はじめて私の本をお読みになる方で、どこかで聞いたことがあるような気がすると思われたなら、それは思い違いです。間違いと言われてはおもしろくないでしょうが、でもおそらく読者のみなさんのどなたも聞いたことがないと思いますので、思い違いと言われてもあまり気を悪くしないでください。なぜなら、これは古くから伝わる言葉ではなく、数年前に私がふと思いついた言葉だからです。

「詭道」とは、人を欺くやり方、ダマしあいのことです。「兵は詭道なり」の冒頭から、私の作文を格言だと言って、読者のみなさんをだますつもりだったわけではありません。しかし、その言葉の意味するところが意外と当を得ているかもしれないと感じられたのなら、この項の内容がすんなり頭に入ってくるはずです。私自身、この言葉は決して妄言でも虚言でもなく、子育ての金言と言ってもいいことではないかと思っているほどです。

子育ては、養育者の子育てをモデルとすることが多いものです。なぜなら、他人がどう育てられてきたかを経験することはできないからです。そのため、いざ自分が子どもを育てる段になると、おのずとそうならざるを得ないことになります。

鳥は、卵から孵ってはじめて見た動くものを母親と思い、あとを追いかける――これはよく知られた話で、ローレンツの実験で有名な「刷り込み」という現象です。子育ても同じで、私は、母体から生まれてはじめに育てられた養育者の育て方が、その子が成人してからもずっと刷り込まれている、と思うことがあります。それは広義の刷り込みといえるのではないでしょうか。


もちろん、刷り込みは鳥類に見られるもので、人間に見られる現象ではありません。しかし、行動生態学者の長谷川寿一氏は、「生後6か月ごろの乳児に見られる親に対する愛着形成や言語の獲得や味覚の好みの形成は、刷り込みに似た現象ととらえることもできそうだ」と言っています。愛着形成や言語獲得、味覚の好みはたしかにはじめて出会う養育者の影響が強いように思います。親の愛情や言葉がけ、食事で与えられるものは、子どもは自分で選択できず、受け取ったものがすべてとなります。それでそれ以後も、ずっとそれが継続することがあります。生後6か月が臨界期で、それ以後に刷り込みは起きないのか、それ以後も刷り込みが見られるのかはわかりませんが、人間の場合、とくに子育てにおいては子どもが成人するまで、養育態度の刷り込みが行われているのではないか、と思うことがあります。

そうであれば、自分の養育姿勢をふりかえってみることは、とても意味のあることです。人間は誰しもある種のバイアスにかかっていて、それから逃れられないことが多いので、子育ても別の視点から眺めてみることが必要になるのです。

孫子が「敵を欺くことが兵法である」と言っているのは、「敵を欺くことができれば必ず勝つのだ」というよりも、「戦いには、敵に欺かれ、ウラをかかれることもある、だから自分が敵を欺いて、だましたつもりでいても、逆にそれが欺かれ、だまされていることがあることを、よく知っておかなければならない」ということです。バイアスがかかったままで相手を欺いたつもりでいても、それはかえってだまされているだけにすぎない。人間とはバイアスにかかっているものだからそこに注意しろ、相手に対してそこをうまく利用しろ――こう言っているのです。それが「兵は詭道なり」の意味です（と、私は解釈しています）。

無意識バイアスを脱する４つの手法

バイアスがかかった状態から解放されることで、別のものの見方や考え方ができるようになりますが、では、具体的にどうすればよいのでしょうか。

グーグルでは２０１３年から、社員と経営陣を対象に「アンコンシャス・バイアス（unconscious bias）」――無意識の偏見を排除するための全社的な教育活動を始めました。無意識の偏見とは、「私たちが瞬時に判断を下そうとするときに頼りがちな思考のショートカット」だとしています。

無意識の偏見が職場に悪影響を与え得ることは、科学的にも立証されているといいます。

実際に、アフリカ系アメリカ人の名前のグループとヨーロッパ系アメリカ人の名前のグループの二つに分けてセールスマーケティング職の求人に履歴書を送付したところ、面接を受ける確率は、ヨーロッパ系の名前で送った方が50％以上高い結果となった、という実験があるそうです。これは採用前の差別ですが、これとは他に採用時の差別として、応募者の資格や経歴に目を奪われて採用担当者が採用基準を変えてしまったり、採用担当者が男女の応募者をそれぞれの長所・短所を評価した結果ではなく、単に男性・女性という性別で性のステレオタイプに沿った職業に割り当てていたり、という事例もあったそうです。

多様性に富んだ企業体を目指すグーグルとしては、こうした偏見をなくすために４つの手法を使用して、多様性の長所を打ち消す「無意識バイアス」にとらわれないようにすることが大切だと考えました（子育てでも、子どもの多様な長所を消してしまわないことが大事です！）。そのために次の４つの手法を決めて取り組みはじめました。

①成功のための構造化されたプロセス
②結果を測定する
③何気ないメッセージに潜む偏見を見直す
④偏見排除の責任は一人ひとりが負う

これは成功（偏見排除）のための要件や目標を定義し、その結果を測定し、何気ない一言が持つメッセージを理解し、偏見排除は全員一丸となって行う――というステップです。グーグルは「Google re:Work（グーグル・リワーク）」というサイトでこれを公表していますが、そのなかで、「ある研究によれば、無意識の偏見を自覚すると、偏見から脱することができることがわかっている」「人が態度を変えるには、考え方の背後にある無意識の偏見を理解することが必要なケースがある」と言っています。

子どもも親も試行錯誤で成長する

偏見というと、「大いに偏ったふつうとは違うものの見方や考え方、客観によらない主観的な先入観や思い込み」というのが一般的な意味ですが、そこまで偏向したものではなくても、誰しもが自分なりの物事のとらえ方、思い込み、経験や知識の不足からそういうものだと思っていた、ということはよくあるものです。そこから離れてみることで、新しいやり方が見つかったり、発見につながったりすることもあります。

子育てで偏見や思い込みから離れることが大切なのは、それにとらわれていると、養育者自身が追い詰められることがあるからです。子育てをどこかで学んできたことはないので、唯一自分が育てられてきた経験から「子育てはこういうもの」と思い込んで子育てをしているけれど、子どもは思うようになってくれない、わがままばかり言って困る、自分は間違っているのだろうか——このような、さらなる思い込みのワナにはまることになり、これが加速して無限ループにはまってしまうのが、育児ノイローゼです。

たとえばよくあるケースで、2〜3歳の子の下に弟妹が生まれると、毎日弟妹の育児に手がかかります。するとつい上の子に目が届かなくなり、兄姉は赤ちゃん返りを起こして泣いたりダダをこねたりして、ひどいときには弟妹をいじめて母親を困らせる、といったことが起こります。兄姉に手を焼いた親は、大声で叱りつけたり、思わず手が出たりしてしまいます。

しかし、悪い態度をやめさせようとして叱っても叩いても、態度はひどくなるばかりで聞き分けがよくなることはありません。これが毎日続くとほとほと疲れ果ててしまい、どうすればいいかわからなくなり、育児相談所に相談することになります。人に相談できればいいほうで、誰にも相談できずに一人で抱え込んでしまうと、育児放棄につながりかねません。

子育ての「五厄」

五事の「天」でも触れたように、子どもは個人差があり、多様性があるものです。しかし無意識バイアスがかかっていると、多様性の長所を打ち消してしまうのです。ここで必要なのはとにかく、ものの見方、考え方と視点を変えること、そして自分を客観視すること、普遍的な価値観は何かに気づくことです。それにはグーグルのように、まず無意識の偏見を理解することが大切ですが、グーグルの例でいう「人種偏見」「性差別」に相当するのは、子育ての場合は何でしょうか。

ここで、グーグルの取り組みを、子育てにも応用してみましょう。まず、構造化されたプロセスが必要です。偏った子育てにならないように、子どもの育ちに弊害となることを理解し、「すべきでない関わり方は何か」という子育ての偏見脱却の構造を知ることです。「すべきでない関わり方」には5つありますが、孫子にも「将軍がしてはならない十戒ならぬ五戒」として戒めている「五危」と呼ぶものがあります。子育ての五危とは、次の五つです。

①過保護（手のかけすぎ）
：お世話をしてあげないとかわいそうだから、まだ幼いから、という思い込みによるもの
②過干渉（口の出しすぎ）
：「言わないとやらない」「言わなければわからない」という思い込みによるもの
③過許可（何でも許しすぎ・ほったらかし）・過放任
：ここでは、似ているのでふたつでひとつとする。子どもの言うとおりにすることが、子どもの自由、自主性を尊重することという思い込みによるもの

④過剰期待
：子どもの能力を実力以上に過大に評価して期待しすぎることで、親の一方的な期待と偏見による思い込みを子どもに押し付けるもの

⑤不適切養育
：「マル（＝悪い）・トリートメント（＝扱い）」といい、「不適切な関わりの仕方」という意味。虐待とまではいかないにしても、子どもの心やからだを傷つけている行為、言動。これは、「厳しくしなければ甘える、怠ける」という思い込みによるもの

次にその結果を測定し（これは発達診断でわかります）、親の言葉は子どもにどんなメッセージとして伝わり、子どもの態度や行動にどうつながったかを理解します。

そして最後に（発達診断ができれば園長先生に）、配偶者や祖父母に協力してもらいながら、子どもとの接し方は適切かを振り返り、子育てに関わる大人全員で偏見を排除していきましょう、ということになります。

本書では、発達診断が受けられない方々でも、子育てがバイアスから解放されるように、できるだけ多面的な視点から子育てを見ていきたいと意図して書いています。また、発達診断プロフィールの解析についてもあとのページで触れていますので、これらの内容も大いに参考にしてみてください。

Column

発達診断プロフィール解析・その1「図形」「記号」「概念」

●発達診断の「図形」とは？

ギルフォードは図形、記号、概念、聴覚、行動の5つを領域別の知能因子としていますが、聴覚と行動はテストで測定できません。そこで発達診断では、図形、記号、概念の3つを見ることになります。

図形（〝figural〟のちに〝visual〟と呼び変え）とは「形のあるもの」「目で見えるもの」ということで、「現実の世界にあるありとあらゆるもの」のことです。「記号」は文字、数字、記号で、「概念」は言葉、意味です。これらは子どもの身のまわりにある情報で、プロフィール上の形は、子どもが自分の脳でどのように世界を感じ取っているかを示しています。

発達診断の理想的な形は、図形が右に伸びれば伸びるほどよく、この状態であれば自分から外界の世界に関わっていることを示しています。すなわち、自分からいろいろなことに興味関心を持って取り組めていて、よく遊んでいる姿になっています（図2）。一方、図形が右に伸び

図2

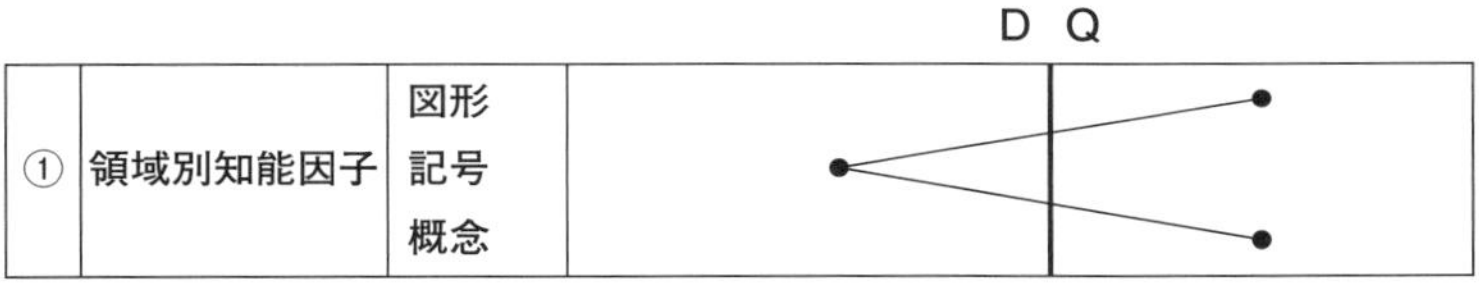

図3

ないでDQ線上であったり左にあったりするのは、からだを使ったあそびや運動あそびが不足している表れです。からだを動かさないので、知覚的情報として得られる情報が少なくなっています（図3）。

図形が左やDQ線上にあるのは、年中・年長児よりも年少児でよく出現しますが、これは背側視覚路の働きが未発達であるせいではないかと考えられます。

運動を司るのは脳の運動野で、その運動野を目的を持って働かせる役割を担っているのが背側視覚路です。背側視覚路は、動

図4

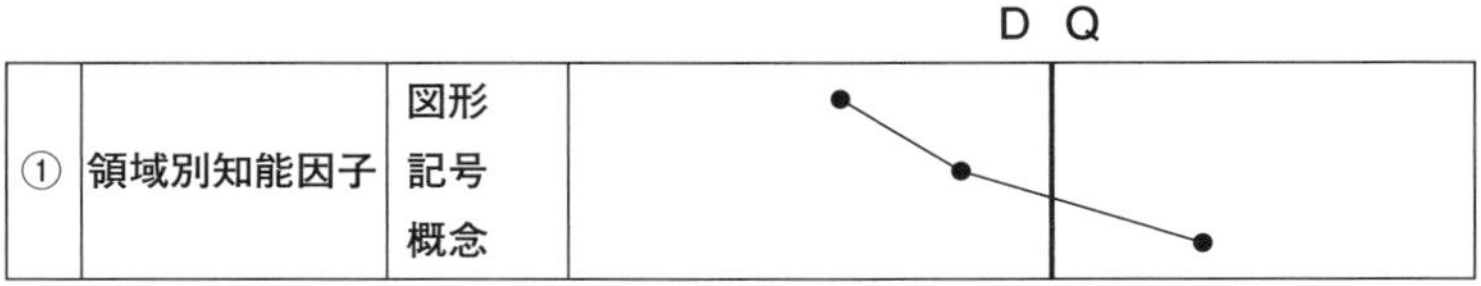

きや空間的な位置関係などに関係するところで、前頭前野の運動プログラムを生成する領域につながっています。運動プログラムとは、状況や目的に応じた動作をするために、脳が階層的に情報処理をする仕組みです。前頭前野は運動プログラムの最上位に位置し、目標や戦略を決める役割を担っていますが、背側視覚路が未発達だと前頭前野に影響し、場面に応じた適切な動作ができなくなるため、図形が右に伸びていかないのではないかと考えられます。運動量が図形の位置を決めるといってよく、図形が左にあるのは知能の発達に良くない影響を与えることがあります。健全な発達のためには運動が大事であり、運動は「すごい知能」をつくるために重要な働きをするものであると考えています。

また、「図形」が大きく左に落ち込んでいる場合に注意したいのが、親子の交流不足です。もっといえば放置されている、ネグレクトされていないかということです（図4）。なぜかといえば、物体を認識するための脳の領域は腹側視覚路ですが、ここで物体の形などを処理します。物体の認識量が不足するとこの領域が未発達になり、前頭前野の未発達につながることがあると言われています。赤ちゃんがモノを見ると、親がそれを言葉で言い表すことで、モノと言葉を一致させて理解していきます。「わんわん」「ブーブー」「まんま」などです。

これを「記号接地問題」といいますが、これをしなければ言語的に物の意味を理解する左脳の腹側視覚路が未発達になるのではないかと考えています。このような理由から、図形が左にある状態は要注意なのです。

●発達診断の「記号」「概念」とは？

幼児の場合、記号（symbol）は左にあるのがよいのですが、ＤＱ線に接近している場合は、いつも同じあそびを繰り返していたり、創造性、発展性のないあそびをしていたりします。コンピューターゲームにはまっていると、現実世界から得られる知覚的情報の量と種類が少ないため、図形の位置もＤＱ線に接近することになります。また、ゲームやスマホに母親のかわりをさせて母親との関わりも少なくなるため概念もＤＱ線に接近して、平べったい「く」の字型になることが多くなります（図５）。

概念（semantic）は言葉で、語彙は親との会話を通して増えていきます。右に伸びているの

図5

図6

が良い形で、ＤＱ線上にあったり、左にあったりするのは、母親が忙しく親子での会話がめっきり少なくなっている、つまり親子のふれあいが不足していることを表しています（図６）。

第2章

「攻め」と「守り」のバランス

——ほめるべきか、待つべきか？

04

子育ての「攻め」（軍形篇）

書下し文

善く守る者は、九地の地下に蔵《かく》れ、善く攻むる者は、九天の上に動く。故に能く自ら保ちて全く勝つなり。（軍形篇）

現代語訳

守りの上手な者は、地下に潜むように隠れてじっと機をうかがい、絶妙なタイミングを待っているものであり、攻めの上手な者は、空の上から広く見下ろすように、攻めるポイントが的確に把握できるものである。

育児対訳

見守り上手は、じっと機会をうかがい、子どもが自分から進んでやる絶妙なタイミングを待っているものです。ほめ上手は、子どもを空の上から広く見ているかのように大きな視野で見ているので、子どもがほめてもらいたいポイントが的確にわかります。

子育ての「攻め」はほめること

「ほめる」には、「誉める」と「褒める」という二つの漢字があります。「誉める」という字は「光」という字と「言」という字から成るように、つまり「光る言葉」のこと、言葉で相手の顔や態度を光り輝かせることです。一方で「褒める」は、「衣」という字の間に「保」という字が入っています。衣服の間にあって保っているもの、それは何でしょうか。体をまとう衣服のおかげで保っているもの――そう、体温です。ほめられるとうれしくなり心はうきうきして、体もぽかぽか温かくなり、体温も上がってきますね。

このように「ほめる」とは、言葉で相手を輝かせ、相手の心をうれしく温かくすることであり、子育てにおいては「攻め」の武器となります。ほめられると子どもはうれしくなり、「もっともっと自分の力でやってみたい」「いろんなことにチャレンジしてみたい」と勇気がわいてきます。ほめられれば自信がつき、やる気になっていろいろな力がどんどん伸びていく、という好循環が発生します。ですから「ほめる子育て＝攻めの子育て」をして、子どもを伸ばしてほしいと思います。

では、みなさんはどういう場面で子どもをほめていますか？　どういう言葉でほめていますか？　ほめるタイミングとポイントは？――おそらく、「上手上手」「すごい」「最高」「チョーうまい」などの言葉でしょうか。ここで考えていただきたいのは、ふだん使っているほめ言葉は、どこに焦点を当てているのか、という点です。おそらく、そんなことを考えたことがないという方がほとんどかもしれません。

このほめるタイミングとポイントを見極めるのは、本当に難しいことです。子どもをほめることが良いと知っていても、そしてほめる機会をじっと待っていても、実際にはなかなか訪れません。たとえば、絵や工作など結果が目に見えることはほめやすいのですが、子どもはいつもお絵描きや工作をして遊んでいるわけではありませんし、いつもうまくできるとは限りません。

ほめるときは子どもの気持ちに寄り添うことが大切なのですが、たいていの場合、そのタイミングを逃がしてしまっています。ほめるタイミングとポイントを的確につかむには、子どもの何を見て、どうしたらいいのか——実は、一番誰にでも簡単でわかりやすい、日常のどこにでもある場面があるのです。それが、「ママ、これ見て！」と、子どもが自分で描いた絵や作ったものを見せにきてくれたときです。

しかし多くのママは、「今は忙しいんだから、あとでね」などと言い、せっかく訪れた絶好のタイミングを自ら手放しています。こういうときこそ、ママも少しだけ余裕を持ち、忙しいなら一呼吸おいてから、次のように尋ねてみてほしいのです。

「へー、何描いたの？（どんなものを作ったの？）」

そして子どもの話に耳を傾ける姿勢をとれば、子どもは自分で描いた絵や工作のことを、得意げに話してくれるはずです。このときがほめるタイミングで、決して逃してはいけません。

子どもの創意工夫に共感し、喜びをともにする

タイミングの次に大切なのが、ほめるポイントです。子どもが「これ見て！」と近寄って話してくれたことは、子ども自身がほめてもらいたいところです。それを汲み取ってあげてください。2〜3歳ごろまでなら、何をしても「おりこうさん」「上手、上手」というほめ言葉でいいでしょう。しかし子どもが4歳、5歳と成長していくにつれて、自分なりの創意工夫が増えていきます。するとこれらのほめ言葉ではもの足りなくなりますから、4歳児以上には、自分が創意工夫したところ、自分なりの発想で考えたこと、作ったこと、描いたことをほめてあげる必要があります。とはいえ、これは非常に難しく、「独創的なところ」というのは親でもわかりにくいものです。

まずは、「これ見て」と言う子どもの話ににこやかに頷きながら、その自慢話に付きあってあげてください。子どもの自慢話に感心した表情であいづちを打ち、子どもが得意になって話す言葉を、そのまま子どもに返せばいいのです。

たとえば、男児が自分のつくったものを見せながら、「ママ、これが○○戦隊の基地だよ、ここからミサイル発射するんだ」と自慢げに言ってきたとしましょう。そんなときには、子どもなりに工夫した部分を見て、「そうなの、ここからミサイル発射するんだ、うまく考えたね！○○戦隊かっこいいね」などと言ってあげてみてください。女児なら、ディズニーランドにお出かけしたときの絵を描き、見せにくるかもしれません。「これがママとパパと○○ちゃん」などと見せにきてくれたなら、「みんな楽しそうなお顔しているわね！」と言ってあげてみてください。ほかにも、工作やブロックで何かを作り、自分のわくわくした感じを夢中になって話してくれたなら、「そう！　そうなの、楽しいね、ママもうれしいわ‼」と、子どもがしゃべってきた言葉を、そのままおうむ返ししてあげてみてください。そうすることで子どもは、「お母さんは、ぼく・わたしのわくわくしたうれしい気持ちを受け止めてくれた」と感じるのです。

つまり「ほめる」というよりも、むしろ「共感する」「喜びをともにする」「一緒になって子どもの喜びを受け止める」ことです。すると子どもはますますうれしくなり、心がうきうき、わくわくして、その気持ちを話してくれるはずです。

ほめることが大事とわかっていても、毎日が家事や育児で忙しく、ついその機会を逸してしまうことが多いものですが、子どもの「これ見て！」は、絶好のチャンスが向こうからやって来たのと同じこと。ぜひ、これを見逃さないようにしたいものです。

ただし、子どもは夕食の支度どきなど、親の忙しい時間に限って近寄ってくるものです。そんなときに「奇襲攻撃」を受けたとしても、「ママ、今忙しいんだから、あっちに行ってて。パパのとこに行ってらっしゃい！」と言いたいところをちょっとこらえて、「何を作ったの？」「何を描いたの？」と、積極的に子どもの話を聞いてあげるようにしてみてください。

もしもそんな余裕がないときは、子どもに話したいだけ話をさせます。それにあいづちを打つだけでかまいません。子どもがひととおり話し終えたら、そこで「それはすごいね。パパにもお話ししてあげて」と言ってみてください。パパに子どもの相手になってもらえれば、忙しいママは助かりますね。

大事なことは、子どものうれしい気持ちを「忙しいから、あとでね」「ここは、こうしたほうが良かったね」などという言葉で打ち消さず、「共感する」「喜びをともにする」という気持ちを持って接すること。パパにも、このほめるタイミングとほめ言葉のことをよく伝えておいてください。

05

子育ての「善く戦う者」（軍形篇）

書下し文

故に善く戦う者の勝つや、智名無く、勇功無し。故に其の戦勝忒《たが》わず。忒わざる者は、其の勝ちを措《お》く所、すでに敗るる者に勝つなり。故に善く戦う者は不敗の地に立ちて、敵の敗を失わざるなり。（軍形篇）

現代語訳

上手に戦う者は、勝ちやすい機会を得て確実に勝つ者である。だから、智将とも崇められず、武勇を讃えられることもない。

戦争をして勝つことは間違いないが、間違いがないというのは、スキをさらして負けるべき者に勝ったというだけのものである。戦いの名人は、敵が負ける機を逃がさないものなのである。

したがって勝つ軍はまず勝つとわかって戦うので勝つが、負ける軍は戦いを始めてから勝利を求める（しかし、それでは勝てるわけはないのである）。

育児対訳

子育て上手がする自立する子育ては、自立する場面に目を向けてほめるので確実にその姿に育つのです。ただ、それだけのことなので、賢母と崇められるものでもありません。（そういう子育ては）自立することは間違いないが、間違いないというのは、スキをさらして（肝心なことをおろそかにして）自立できない子育てよりも、ただ当然のことながらそれよりも勝っているというまでのことであるのです。

自立の子育ては、まずどうすれば自立するかがわかって子育てするので自立するのですが、自立しない子育ては、（自主性に任せることと放任を混同しているので）、子育てを始めて自立しそうもなくなってようやく自立とは何なのかを求めはじめるのです。しかし、それでは子どもが自立できるわけがないのです。

当たり前を当たり前にするメソッド

「戦いの名人は、勝つべきときに必ず勝つものだ。それは敵がスキをさらしたときに攻めて勝つからで、勝つべきときを見逃さないからである。それは当たり前のことだから、大騒ぎするほどのことでもない。また、戦略と戦術が優れていたからだとも、勇敢に戦ったからだとも、称賛されることはない。でも、それが一流であるということだ」――これは孫子の言葉ですが、

「当たり前のことを当たり前にすること、それが一流の証し」だといいます。ただし、多くの人はそれができないから苦労するのではないでしょうか？　当たり前のことを当たり前にすることが大事なのですが、なんとも難しいことではあります。

社会学者のダニエル・チャンブリスは、水泳の選手を対象とした「一流の人たちが行っている当たり前のこと」という論文において、次のように述べています。

「最高のパフォーマンスは、無数の小さなスキルや行動を積み重ねた結果として生み出される。それは本人が意識的に習得する数々のスキルや、試行錯誤するなかで見出した方法などが、周到な訓練によって叩き込まれ、習慣となり、やがて一体化したものなのだ。やっていることの一つひとつには、特別なことや超人的なところはなにもないが、それらを継続的に正しく積み重ねていくことで生じる相乗効果によって、卓越したレベルに到達できる」

これもまた、取り立てて目新しい説でも理論でもなんでもなく、わかりきったことを平然と言っているだけにすぎません。当たり前とは結局のところ、こういうことなのです。

子育てでいえば、当たり前のこととは意欲を持ってやる気にさせ、自制心が育つように関わることです。そうすれば自立するが、そうしなければ自立しない——ただそれだけのことなのです。孫子のいう「スキをさらして＝肝心なことをおろそかにして」子育てするのと比べてみれば、それは明らかです。

チャンブリスのいう「無数の小さなスキルや行動」とは、子育てでは「ほめるタイミングとほめ言葉、ほめ方」で、これには親が本書を読んだりして意識的に習得するものと、子育てするなかで試行錯誤的に見出した方法の二つがあります。育児本から学んだことや日々の育児を通して見つけた方法が、やがて習慣となって身につくものです。チャンブリスのこの言葉は、「ほめることは特別なことでも超人的なことでもないが、継続的に積み重ねていくことで、親としての自信につながるという相乗効果も生まれ、育児は卓越したレベルに到達できる」――と、子育てにそのまま置き換えることができます。

子どもの自信のあるポイントを認めてほめる

チャンブリスにならえば、「ほめること」「ほめ言葉」「ほめる場面」という無数の小さな行動と技術の積み重ねは、最高のパフォーマンス（結果＝自立）を生み出すことになります。

先に述べたように、ほめ言葉といえば「上手」「うまい」「すごい」などが一般的かと思いますが、これは何だか「安い」「うまい」「早い」みたいで、安直に思えませんか？――これを機にみなさんも、ふだんどんな言葉でほめているか振り返ってみると、意外とバリエーションが少なく、ワンパターンになっていることに気づくかもしれません。ほかに多いのは、「一番早くできたね」の「一番」や「早く」、「わー、すごいね」の「すごい」、あるいは「わー」「へー」

といった感嘆詞でしょう。意識すればわかるのですが、このくらいの語彙しか持っていないはずです。

これらの言葉では、いくら感情を込めて「すっごいわねえええ」などと言ってみても、子どもにとっては「本当にほめてもらいたいところを認めてもらえていない」という不満につながります。年長児にもなるとこの程度のほめ言葉では全然満足せず、親が「すごーい！」と心からほめてあげたつもりでも、「べつに、ふつう」とそっけない返事が返ってきたりします。子どもからすれば、自分なりに工夫したところを認めてもらえていないので、「ママはぜんぜんわかってないよな」としか思っていないわけです。「すごい」「えらい」と、1～2歳のときからずっと同じほめ言葉をかけられていては、「自分なりに考えて工夫したことなのに、ママやパパは本当に自分を見てくれているのだろうか」と、せっかく高揚した気分が沈んだ気持ちになってしまいます。

自分なりに表現した絵を描いたら「きれいな色の絵を描いたね」、創意あふれる工作を作ったら、「よく考えて作ったわね」などと具体的に言ってあげるのが、ほめるポイントです。「誉める」にせよ「褒める」にせよ、子どもの成長に合わせてほめるべきポイントとほめ言葉を考えることが必要です。これをふだんから実践しようとすると、瞬時に対応する反射神経、相手の気持ちを受けて適切な言葉を返すという高度なテクニックが要求されます。そう考えてみるとほめるというのは、ジャズのアドリブ演奏よりもはるかに難しいかもしれませんが、誰もがチャーリー・パーカーのようにサックスが吹けるようになる必要はありません。それには、たったひとつのことだけ覚えておいていればいいのです。つまり、子どもの自慢話をおうむ返しすること――これが一番簡単で効果的な方法なのです。

目に見える成果よりも「態度」や「姿勢」を認める

ふだんの生活のなかで、子どもが自らすすんでできたことに目を向けてほめることも効果的です。たとえば、毎朝の登園前、自分で準備ができたときは、「何でも自分でできるのね」。楽しそうに帰ってきたら「幼稚園楽しそうね」――と言ってあげましょう。

「これがほめていることになるの？」と思われたかもしれません。たしかに、子どもの行動をそのまま言葉にしただけで、「すごいね」とも「えらいね」とも言っていません。でも、子どもの望ましい行動を言葉にして伝えてあげることは、その行動を親が注目して肯定的に見ていることであり、ほめ言葉と同じ効果があるのです。

ほめ言葉は「えらいね」「すごいね」だけではありません。子どもの成長した姿、前向きな態度や姿勢、良い行いに目を向けて言葉にするのもほめ言葉になります。この場合、弟妹がいる家庭なら「幼稚園の準備を自分でできて、さすがお兄（姉）ちゃんね」、何かすすんでお手伝いをしてくれたなら「お手伝いしてくれて、助かるわ」と言ってあげてください。すると子どもの自尊心が高まり、自己肯定感が生まれます。子どもの自立には自分に対する自信、自尊心、自己肯定感が不可欠であるのです。

また、苦手なことや未経験のことにも立ち向かっていく勇気も必要です。多くの場合、親は目で見えるものだけをほめがちなので、「うまくできたね」「きちんとできたね」「一番だったね」といった結果に目を向けたほめ言葉になってしまいます。しかし、自らすすんでしたことや勇気をもって取り組んだこと、あきらめないで最後までやりきった姿が見られたなら、結果はともあれ「よくがんばったね（よく考えてたね）」と言ってあげてください。

ここでよく理解してほしいのは、うまくできたこと、よくできたことよりも、子どもが一生懸命に取り組んだことのほうが大切だということです。結果ではなくプロセスに目を向けて、「よくがんばったね」「よく考えたね」「あきらめないで最後までやりきったね」といったように、たとえ失敗したとしても、自分から自主的にした「姿」「態度」「姿勢」をほめてあげることが重要です。

一方で、なかには「自主性に任せること」を「ほったらかしにすること」と都合よくとらえている人がいますが、ほったらかしでは肝心なところに目を向けていない状態です。つまり、親は子どもが自分でやろうとした意欲や態度に目を向け、できたことの喜びを言葉にして共感してあげることが重要で、それが自立につながるのです。

「ABCDE包囲網」

ここで、上手なほめ方と下手なほめ方についてまとめてみましょう。下手なほめ方を先に挙げますが、そのほうがほめ上手には何が大切か、よくわかると思います。

ほめ下手の特徴
・結果にしか目を向けていない
・ほめ言葉がワンパターン
・ほめるポイントがずれている
・親の都合でほめている、子どもの喜びよりも親の喜びを重視している

これに対して、上手なほめ方は次のとおりです。

ほめ上手の特徴
・結果よりもプロセスに目を向けている（＝子どもの存在そのもの、ありのままを認めてい

る）← Acknowledge
・ほめるタイミングを待ち、逃さない（＝子どもを信じている）← Believe
・成長を心からほめる（＝生きている幸福を祝う）← Celebration
・子どもの喜びを一緒に喜び共感して勇気づけている（＝喜び、励まし）← Delight & Encourage

ほめ上手の頭文字をとると「ＡＢＣＤＥ」です。日中戦争の際に「ＡＢＣＤ包囲網」という経済制裁が行われたことがありましたが、子育ての「ＡＢＣＤ包囲網」では、制裁ではなくほめ言葉で取り囲み、子どもが伸びていくように育てたいものです。そこで私は、「ＡＢＣＤ」に「Ｅ（Encourage）」をプラスした「ＡＢＣＤＥ包囲網」を子育ての政策（policy）とするよう提案したいと思います。みなさんもぜひ、この「ＡＢＣＤＥ包囲網」を子育てのポリシーにしてみてください。

06 子育ての「利」（兵勢篇）

書下し文

善く敵を動かす者は、これに形すれば敵必ずこれに従い、これに予《あた》うれば敵必ずこれを取る。利をもってこれを動かし、本をもってこれを待つ。（兵勢篇）

現代語訳

敵をうまく動かす者は、敵をおびき出したいときはそのようになる形をとるので必ずそうなる。エサを与えれば必ず食いついてくるように、敵にある場所を取らせてみようと誘導するので、敵は必ずこれを取りに来る。したがって、利益を見せて敵を動かせば、奇策をとらなくても正々堂々と陣を張り待っていれば、必ず勝つのである。

育児対訳

子どもをうまく動かす親は、子どもが自分から動いてほしいときはそのようになる関わり方をするものです。子どもに自分で判断させて決断の果実（成果）を取らせてみようとするので、子どもは必ず自分で判断するのです。それは、子どもにとって利益となることは何か（自分でする、決めるという行為は快感であること）を理解しているので、ゆったりかまえていればいずれ必ず子どもは自分で判断し、行動するようになるのです。

子育ての「守り」は待つこと

子どもをうまく動かしたいと思ったら、自分から動いてくれるまで「待つ」ことです。子どもに自分の判断で動いてほしいなら、考えさせること――つまり「まかせる」ことが大切です。今どうすればいいのか、何をすればいいのかを判断する機会を子どもに与えれば、必ず自分で判断するようになります。それは「自分で判断した結果、行動できた」という「決断の果実」が得られたからですが、それは子どもの利益そのものです。逆に、子どもに口やかましく指示・命令・禁止の言葉をかけると、自分で判断せず、動けなくなってしまいます。子育ての「攻め」が「ほめる」ことなら、子育ての守りは「待つこと」と「まかせること」なのです。

たとえば、朝は「早く起きなさい！」の起床ラッパから始まり、「起きたら歯磨きして」と言われた矢先に「早くごはん食べて」と急かされて、いざ登園・登校するとなれば「かばんは？」「ハンカチは？」「忘れものはない？」と、早く早くと追いまわされる。家に帰れば「自分で着替えて制服をハンガーにかけて」「今日はピアノだから早く用意して」と塾や習いごとに強制連行され、帰宅しておもちゃで遊んでいると、「遊んだら片付けしなさい！」と怒られ、やっと食事の時間になってほっとできると思ったら、「テレビ見てないで早く食べなさい」と見たいテレビも消されてしまい、黙って食べていれば「どうしてこぼさないで食べられないの！ もう食べなくていい！」と叱られ、「ごちそうさま」と言えば「野菜だけは食べなさい」とペナルティを科せられ、「次はお風呂」「寝る前に歯磨きして」と夜寝るまで口うるさく言われつづける――そんな光景は、どこの家庭にでもあることですが、これが続くと子どもは親の言うままに動いているだけで、やがて意欲もやる気もなくすことになります。

あきらめが無力感を育む

ここで、1960年代半ばにアメリカのポジティブ心理学者のマーティン・セリグマンとスティーブ・マイヤーが行った、興味深い実験を紹介しましょう。

くびきにつながれた3匹の犬ABCを1組として、8組を用意します。Aの犬には電気ショックを与えますが、パネルを押せばショックが止まるケージに入れます。Bの犬はパネルがついていないケージに入れられ、自分で電気ショックを止めることはできませんが、Aのケージと連結しているのでAの犬が止めれば電気ショックは止まります。Cの犬には何もショックを与えません。その翌日、犬たちをくびきから解放し、1匹ずつシャトルボックスに入れます。シャトルボックスの中央には飛び越えられる程度の低い壁があり、空間が2つに仕切られています。一方の空間に犬を入れ、床に電流を流します。するとAとCの犬は、壁を飛び越えて隣の空間に移動したのですが、Bの犬は動こうとはせず、電気ショックが終わるのをひたすら待つだけでした。つまり、自分で電気ショックをコントロールすることを最初からあきらめていたのです。

このことからセリグマンは、「逃げることのできない出来事があきらめを引き起こし、自分の行動が無駄であることを学ぶと、もう自分からは行動を起こさず無抵抗になる」と結論づけ、これを「学習性無力感」と呼びました。これを受けて、オレゴン州立大学の大学院生ドナルド・ヒロトが、セリグマンの実験を人間に置き換えて行ったところ、同じ結果が出たのです。つまり、人間にも学習性無力感があるということです。

子どもからすれば「早くしなさい」「〇〇しなさい」というのは、自分でしたいことが制限されている状態です。これは自分でコントロールできない電気ショックを与えられているB群の犬と同じで、いずれ自分で何をしても無駄だからもうやらない、やる気が起こらない、となってしまいます。そうならないようにするためには、子どもがまず自分で判断できるようにしてあげることです。子どもは、自分で決めて動けることを楽しいと感じ、その行動から結果が得られることで、何でも自分でやるようになります。その結果とは、自分の利益になること、おもしろいこと、楽しいこと、わくわくすること、快感です。

それなのに、親が「こうしなさい」「あれしなさい」と口やかましく言いつづけるのは、「自分で判断して行動する」という子どもにとって一番おいしいところを取り上げてしまっていることになります。すると子どもは将来的に無気力になり、引きこもりになり、うつになるかもしれません。

子どもの行動についロをはさみたくなったら、この犬の実験を思い出してください。子どもがB群の犬のように、自分で何もできずクンクン鳴くばかりになっては、あまりにもかわいそうではありませんか？

07

子育ての「謀攻」(謀攻篇)

書下し文

用兵の法は、国を全うするを上と為し、国を破るはこれに次ぐ。(謀攻篇)

現代語訳

戦争は敵国を屈服させないで勝つのが上策であり、敵国を屈服させて勝つのは次善策である。

育児対訳

子育ては、子どもの存在を否定しないことが最も良い方法であり、子どもを否定したり、親が一方的なものの言い方をしたりして子どもの心を傷つけてしまうような子育ては、二の次です(子育てに次善策は不要です。最善策を求めましょう)。

子どもは「押さえつける敵」ではなく「寄り添う味方」

武力で屈服させることなく勝つことを「謀攻」といいます。孫子は、「武力で攻撃して国土を破壊し、屈服させるのは最善策ではなく、国土は荒らさず、兵力も消耗させないで相手を負かすのが一番である」と述べていますが、これが孫子の兵法で有名な「戦わずして勝つ」ということです。

兵法が、破壊せず荒らさず戦うのが最高だというその「国土」を、子どもの居場所や存在、人格になぞらえてみましょう。「国土を破壊する」とは、子どもを否定する、無視する、体罰を与える行為だといえます。当然ですが、子どもに否定的な言葉を浴びせる、けなす、人間性を攻撃して子どもの居場所をなくすような子育ては、絶対によくありません。子どもを叩いたり暗い所に閉じ込めたりする体罰も、国土＝子どもを破壊する行為であるといっていいでしょう。虐待などもってのほかで、それも国土破壊行為であることはいうまでもありません。つまり、子育てにも「謀攻」が重要であることがわかります。

ここで、日常でよく見られる次の光景について、これは謀攻といえるか考えてみましょう。

例

お母さんは、お手伝いをしたがる子どもにテーブル拭きをさせました。子どもがテーブルを拭こうとしたとき、ジュースの入ったコップに手が当たり、コップは落ちて割れてしまいました。お母さんはこう言いました。

「なんでこぼすのー！　気をつけなきゃダメでしょ。しっかりとやってよ。ママの仕事が増えちゃったじゃないの、こぼすならはじめからやらないでちょうだい。カーペットにシミがついちゃったじゃない。見てないからこんなことになるのよ！　コップも割っちゃって。バカ！ほんとに困った子ね。泣くんじゃないの。泣けばいいってもんじゃない！　あなたが悪いんじゃないの！　自分のせいでしょ。ミッフィーちゃんのコップ割ったの自分じゃない。泣いたって許さないからね。うるさいって泣くなこの泣き虫！　もう何にもしなくていいから、あっち行ってなさい！」

そうですね。おわかりのとおり、子どものひとつのミスを徹底的に追撃し、せっかくのお手伝いの機会を奪い取っていますので、謀攻とはいえません。このように、子どもは「なんでそんなことするの」と言われると、批判されたと感じます。その種の言葉は、「あなたはダメな子ね」「あなたはバカね」と、子どもを否定、侮辱しているのと同じことです。子どもにとってはミサイルをぶち込まれたのと同じくらいの衝撃で、それ以上攻撃を受けないよう本能的に自分の存在を消して、しゅんとして小さくなっているしかありません。子どもにしてみれば、お母さんのお手伝いをしてみたかっただけなのです。コップが近くにあったからこんなことが起きてしまったわけで、ジュースをこぼすつもりなどはなからありませんでした。

この悲劇は、親と子の構造対立からきています。子どもは「自分には人生を自由につくれる力がある」ということを、無意識のうちに感じとっています。これはいってみれば、フランスの哲学者であるサルトルの実存主義的な考えです。

これに対して、家庭は、父、母、子という要素間の関係からなる全体の構造であり、家庭内において女性の親は、母、妻、育児労働者、家事労働者、家庭経済管理者、余裕財源配分権限者、児童兼配偶者教育係などという要素間から成るひとつの体系で、これが一連の変形過程を生じうるとき、すなわち母親がする育児や家事、家庭運営が子どもによって邪魔をされようものならまんまと崩壊してしまうのです。子どもは世界内主体としての自分の位置に関心を持つものですが、女性は母親として妻としての役割を果たすために客観的に家庭人としての自分をとらえ、その思考と行動がいかに機能するかの方に関心を持つものであるのです。

いわば、親にとって家庭は、レヴィ・ストロースのいう構造主義的なものといえます。この思想的対立が、親子の差異と対立を生み出したのです。

したがって先の例は、文化的思想対立が生んだ悲劇だといえますが、現実問題として子どもの心は傷つきます。このケースにおいて、お母さんはどうすべきだったのか――まずは「お手伝いをしてお母さんの手助けをしたい」という子どもの気持ちを受け止めてあげること。コップの水をこぼされても、イラっとする気持ちを一瞬抑え、こう言えば良かったのです。

「お手伝いありがとう。あ、ジュースこぼしちゃったのね。じゃあ、この雑巾でふいといてね」

子どもはバツが悪いかもしれませんが、言われたようにこぼしたジュースを雑巾でふいてくれたことでしょう。そうしたら、すかさずこう言葉をかけてみればいいのです。

「ありがとう。テーブルも床も、お掃除全部お手伝いしてくれてママ助かっちゃったわ」

子どものミスを指摘するばかりで、伸びていくせっかくの育ちの場面をみすみす台なしにしてしまうのではなく、子どもの気持ちをしっかりと受け止め、子どもの自立につなげるようにしてみてほしいのです。

「ありのままの姿＝気持ち」に目を向ける

大切なのが、失敗してもいい、間違ってもいい、違っていていい、ということです。これはありのままを受け止めるということであり、子どもが生きている姿、生きている瞬間、それこそが「ありのままの姿」です。そこに目を向け、言葉をかけてほしいのです。そのまま受け止める、そして、目に見えるものだけで評価しない、自分の尺度で良し悪しを決めないということです。

親は、「子どものすること＝行動の結果」が気になって仕方がありません。なぜなら、結果は目につきやすいものだからです。しかし目につく行動にではなく、気持ちに目を向け、それを肯定し、受け止めてあげたいものです。「そうなんだ、そうしたかったんだ」「大丈夫だよ」「ママ、わかってるわよ」――こうした肯定的なニュアンスの言葉で、子どものことを受け入れてあげることが大切です。

心理学者のアドラーは、「相手を傷つけずに自分の要求を伝えること」が大切だといっています。これは、まさに兵法でいうところの「国を全うするを上と為し」です。先のケースでいえば、子どものミスを咎めたところで、子どもが上手にお手伝いできるようにはなりません。むしろ「もう二度とテーブルふきのお手伝いなんかしたくない」と嫌になったことでしょう。ミスを咎めるのではなく、子どもが自らすすんでお手伝いをして、うまくできたことを喜ぶ、お母さんにほめてもらえるとさらにうれしいから、そのために行動した――お母さんは、この気持ちをわかってあげるべきでした。

アリストテレスは、「人間のあらゆる活動は幸せになるためにある」と考えました。ジュースをこぼしてしまった子どもも、自分の幸せのためにお手伝いをしようとしたのです。それなのに、子どものしたことをただ非難するだけでは、子どもが幸せになれないようにしているのと同じです。これが続けば、子どもに幸せが訪れることは永遠にないでしょう。子どもの幸せは、親の幸せでもあるはずです。

まず、子どもの幸せは何なのかを考えてみてください。そう考えてみようともしないのは、幸せな親子になれるはずのせっかくのチャンスをふいにしていることになります。そしてついには、「お手伝いできる子になってほしい」という親自身の思いが実現することもなくなってしまうのです。

兵法の「謀攻」とは、頭を使って攻めることです。頭を使うとは、無駄なことや無意味なことはせず、自分の期待する最大の成果を得るために思考して行動することだといえます。子育てにおける謀攻、それは子どもの気持ちを理解して子どもの成長につなげる、そして親も一緒に成長することなのです。

Column

発達診断プロフィール解析・その2「認知」「記憶」「評価」

●発達診断の「認知」と「記憶」とは？

認知（cognition）は理解力、記憶（memory）は記憶力で、いずれも0歳から2歳までに伸びる能力です。3歳以降で発達する拡散的思考、収束的思考、評価の土台となる基礎的な力です。

これらの項目はＤＱ線の左にあるのが良く、さらに認知は記憶よりも左にあるのが理想的です。認知と記憶が左にあれば、自立の姿に育っています。

この認知と記憶は、学習と記憶に関する力で、偏桃体と海馬に関係していると考えられます。偏桃体も海馬も情動と関係する部位で、偏桃体はとくに恐怖や不安という情動にまつわる事実を記憶しています。

環境因子の情動性記憶も記憶と関連する基礎能力ですから、左にあるのが理想的です。これが右に伸びているのは、単純に記憶力が良いともいえますが、神経質、こだわりが強い、うま

図7

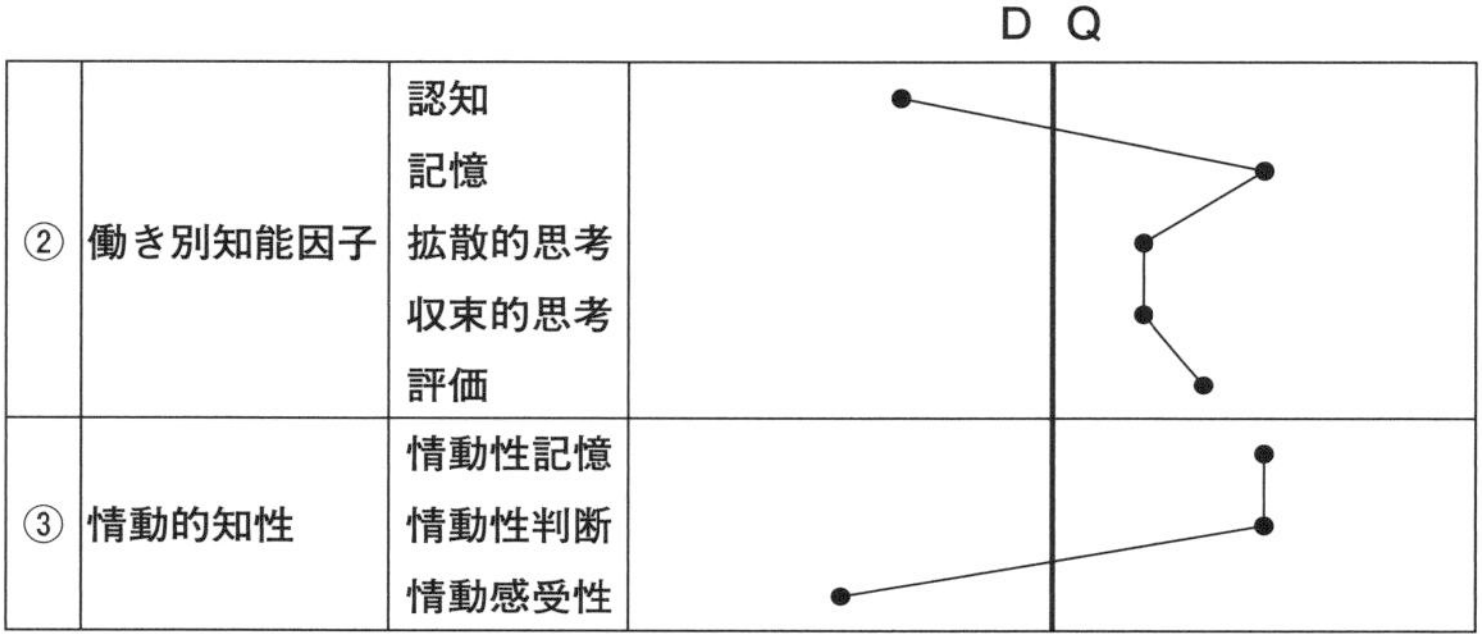
D Q
②
働き別知能因子
認知
記憶
拡散的思考
収束的思考
評価
③
情動的知性
情動性記憶
情動性判断
情動感受性

図8

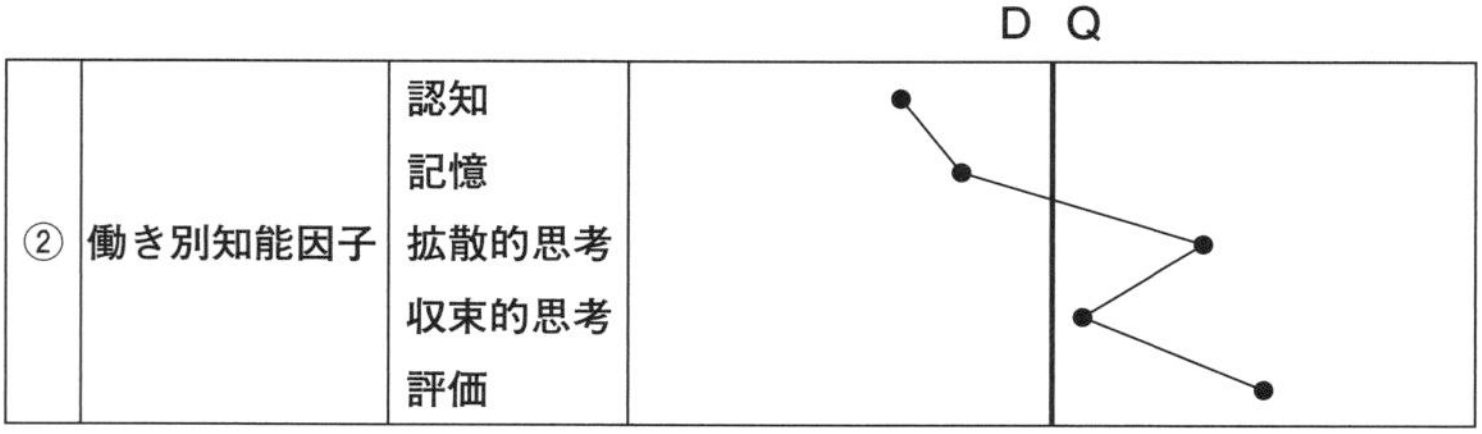
D Q
②
働き別知能因子
認知
記憶
拡散的思考
収束的思考
評価

図9

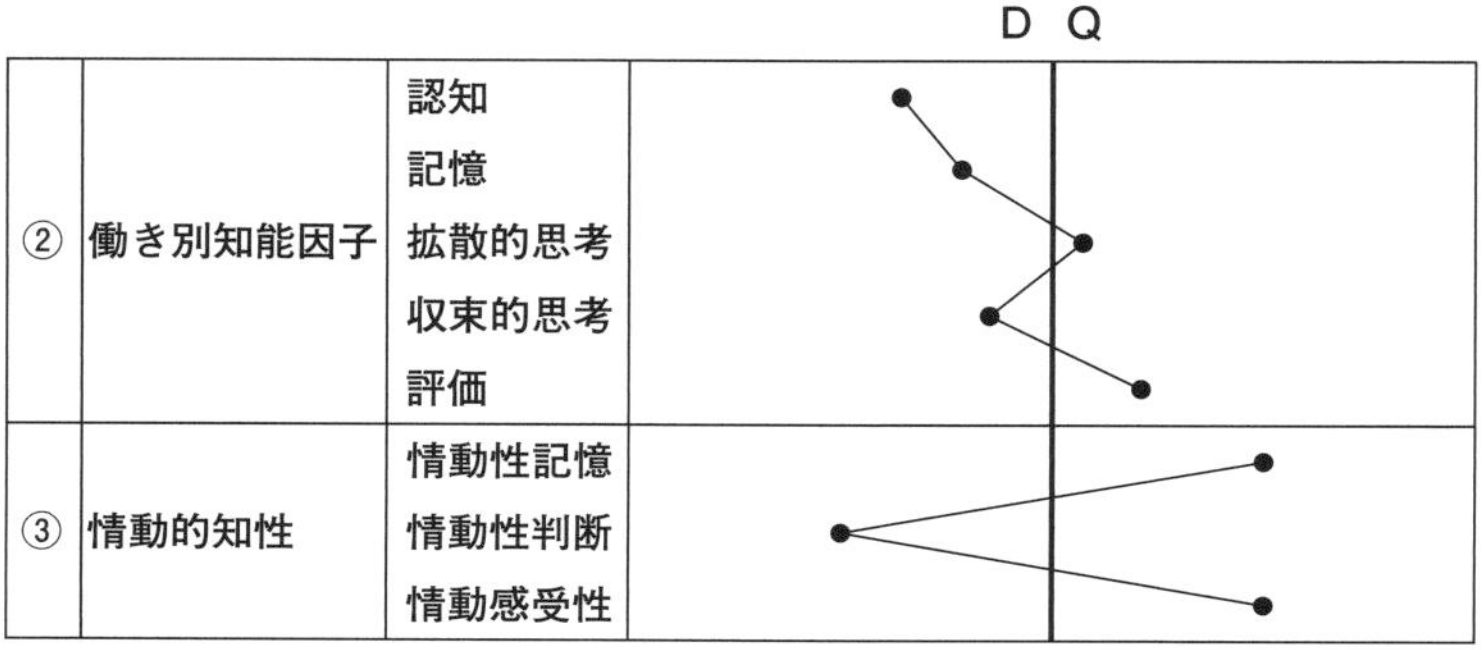
D Q
②
働き別知能因子
認知
記憶
拡散的思考
収束的思考
評価
③
情動的知性
情動性記憶
情動性判断
情動感受性

くできないと癇癪を起こす、という収束的思考が右の位置にある場合と似た性質を示すことがあります。これは偏桃体に貯蔵された不安情動にまつわる記憶が強く出るためであると考えられます（図７）。

●発達診断の「評価」とは？

評価（evaluation）とは判断力で、５つの働き別知能因子のなかで一番右に伸ばしたい力です。評価が右にあれば、自分で判断する力が育っています（図８）。逆に左にある場合は、母親に判断をゆだねて自分で物事を決められない状態になっています。

評価は情動性判断と関係し、情動性判断が左であれば、評価も左に位置します。この状態になる原因は、親が口やかましいことです。

情動性判断が左にあって（＝親が口やかましい）のに、評価が右に伸びている（＝判断力が育っている）ケースもありますが、これは親の言うことなど聞いていないという表れです。あまりに口やかましく言われるので、子どもは親の小言を聞き流しているわけです（図９）。

第3章

虚々実々のかけひき
——自立した子どもを育てる

08

子育ての「虚実」（兵勢篇）

書下し文

凡そ、衆を治むるは寡《か》を治むるがごとし、分数是れなり。衆を戦わしむる寡を闘わしむるが如くとは、形名是れなり。三軍の衆、必ず敵を受けて敗なからむべき者は、奇生是れなり。兵の加うるところ、碫《たん》を以って卵に投ずるがごときは、虚実是れなり。（兵勢篇）

現代語訳

大勢の兵隊を少人数のように統制できるのは、軍隊を編成して各部隊に指揮官を置くからで、これを分数という。大勢の兵衆を戦わせるのに、少人数の兵士を動かすように行動させることができるのは、命令がよく伝達されているからで、これを形名という。三軍（先軍、中軍、後軍）の兵士が戦っても敗れないようにするのは、正攻法と奇襲戦法を使うからで、これを奇正という。兵力を投入し、石を卵に投げるが如く簡単に撃破できるのは、敵のスキを充実した自軍で攻撃するからで、これを虚実という。

育児対訳

たくさんのすべきことが次々にできるのは、どんなことでもできるという自信があるからで、それは一つひとつのタスクに対し何人もの積極的な指揮官がついているようなものです。これを自己肯定感と言います。また、たくさんのことをいともたやすくできるのは、上意下達のごとく自分でそれぞれのタスクに優先順位をつけてこなせるからで、これを自己有能感と言います。

子育ての三軍ともいうべき「やる気、元気、勇気」は、ほめて、ほめて動かすという正攻法と、そっと気づかせるという奇襲戦法を使えば育ち、自立の姿につながります。この正攻法と奇襲戦法を使うことを奇正といいます。こうすれば、まるで石を投げて卵を割るように簡単に何でもできるようになります。そうなるのも、「嫌気、弱気、怖気」の心のスキが現れないように、ほめて、気づかせ、やる気にさせるからで、これを虚実の理といいます。

自己管理能力を育てる方法

発達診断の保護者面談では、こんな場面が見られることがあります。

「自分でなにもやろうとしないのですが、どうすればいいでしょうか？　朝起きても遊んでいたりぼーっとしてテレビを見ていたりで、全然支度をしようとしません……。通園バスが来てしまうので、仕方なくやってあげています」

「自分でさせようとしないのですか？」

「自分でするように言いますけど……」

「どんなふうにですか？」

「『ぐずぐずしてないで自分でしなさい、やりなさい、早くしなさい』などと声をかけています」

「それでやりますか？」

「やりません。自分でさせようとするのですが、全然しないです……」

「それで、どうするのですか？」

「叱っています」

「どんなふうに？」

「えーと……。『やらないとバスに乗り遅れるわよ』『幼稚園に入れてもらえないよ』とか、『できないと、年齢の小さいクラスに入れられるよ』とか……。あとは、『ママ、幼稚園まで送ってあげないからね』ですね。『お兄ちゃんは自分でやってたよ』『今日は、おやつなしよ』とかも言いますね」

最後の言葉は、してはいけない見本のようなもので、否定、比較、脅迫的なメッセージの連続です。自分ができていないことを親がわざわざ言語化したところで、自分でできるようにはなりません。

孫子は、「大人数を統制できるのは各部隊に指揮官を置くからだ」「大勢を少人数のように動かせるのは指示命令がよく伝達されているからだ」と述べています。子育てでいえば、いろんなことが自分でできるようになるのは、自分をコントロールする自己管理力が育っているからであり、自己管理力のもとになるのは、自己肯定感と自己有能感です。つまり、自分に自信を持ち、自分には能力があると思うことですね。

自己管理力は、４歳ごろから脳が不必要な神経を自然と刈り込みはじめることで身についていきますが、否定や比較、脅迫は、肯定感も有能感を育むことはありません。また、「やりなさい」「しなさい」「自信を持ちなさい」「自分はできると思いなさい」と指示命令をしたところで子どもは行動しませんし、自信もつかず、能力も育ちません。

「やりなさい」「しなさい」などと口うるさく小言を言う迷惑者のことを「ヌッジ（noodge）」といいますが、子育てにおいてはヌッジよりも「ナッジ（nudge）」が大切です。これはノーベル経済学賞を受賞した行動経済学者リチャード・セイラーの言葉で「人の横腹をひじでやさしく押したり、軽くつついたりすることで、人に注意を喚起したり、気づかせたり、控えめに警告したりする」ことを指します。セイラーによれば、「選択を禁じることも、経済的なインセンティブを大きく変えることもなく、人々の行動を予測可能な形で変える選択アーキテクチャーのあらゆる要素のこと」ということです。

つまり子どもに対しては、そっと教えてあげて気づかせること。そして禁止や命令をせず、金銭やおもちゃを与えて行動を促すのではなく、子どもの行動を親が想定できる形に変えること。ナッジとは、そのために、自らやり方を選択できる親の関わり方を体系化したものであり、子育てに大いに使えそうな考え方です。

ナッジを活用して子どもの中の「三将軍」を引き出す

ナッジを実践するフレームワークとして、「ＥＡＳＴ」と呼ばれるものがあります。「Easy」「Attractive」「Social」「Timely」の頭文字をとった言葉ですが、つまりナッジとは、「簡単」「魅力的」「社会的」「適時的」な要素を含んでいるといえます。

では、子どもを行動させるために、ナッジをどのように活用できるでしょうか？　たとえば先のケースを例として、「毎朝のお着替えを自分でできるようにする」をテーマに考えてみましょう。

STEP1：Easy（簡単）

くつ下、ズボン、服……と、子どもが着る順番に並べて置いておきます。すると子どもでも、どの順序で着替えればいいかが目に見えて簡単にわかります。

STEP2：Attractive（魅力的）

次に、着替えに興味を持たせるために、着替えに魅力を与えてあげます。着替え仲間の着せ替え人形をつくっておくなどの工夫が考えられます。たとえば、子どもの形をした紙人形を作り、裏側に割りばしを1本貼り付けて柄とします。パンツやズボンなどの着せ替えパーツを作り、親が「この人形と着替えの競争しよう」と言って、この人形にパンツ、くつ下、ズボン、シャツ、上着、帽子などと着替えさせていけば、子どもにとって魅力的なライバルの出現です。休みの日には、パパがしてあげてもいいですね。すると、子どもは人形に負けないように自分で着替えはじめるはずです。

STEP3：Social（社会的）

たとえば、このよきライバルのお友だちに名前をつけてみてもよいでしょう。男児なら「なつじ君」とか、女児なら「なっち」「なっちゃん」などです。このお友だちと一緒にお着替えをしていくと、子どもは負けないように自分で着替えはじめるはずです。

「Social」とは、「みんなと同じことをしている」という同調性をうまく利用するということです。「お友だちはみんな、家では自分でしている。ママにしてもらっていない」ということを子どもにそっと気づかせることが大切です。したがってここで注意したいことは、子どもの着替えに決して手を貸さないようにする、ということです。着替えをしているときは、「自分でできたね」「お友だちもみんな自分でやってるよ」などと言葉をかけてあげるとより効果的で、どんどんやる気が出てくるはずです。

STEP4：Timely（適時的）

こうした準備は、前の晩に済ませておくことが大切です。それが「Timely」、適時にやる、ということです。朝は忙しくてこのように子どもを誘導する余裕がないでしょうから、前の晩にやってみて、着替えという行動を予習しておくのです。つまり準備するときを選ぶことが重要です。

「自分でやらなくて困る」というのは、習慣化されていないからです。ならば、それを習慣化すればいいだけです。

行動を習慣化するには、まずは子どもが自分でできるように仕向けてあげることから始めます。いきなり「着替えなさい」と言われても、子どもとしてはどうしていいのかわからないので、かえって動けないことになります。しかし、一つの動作を分けて、「やる順序」を整えてあげればいいのです。ほかにも、歯磨きや洗顔、登園準備などのルーティン・ワークも、「ナッジ」を応用すればきっとうまくいくはずです。

子育ての正攻法は「ほめる」「共感する」「待つ」「まかせる」ですが、「ナッジ」は奇襲戦法といえます。正攻法と奇襲戦法を、うまく組み合わせながら使ってみてください。子どもの中には「やる気」「元気」「勇気」の三将軍と、「嫌気」「弱気」「怖気」の「虚」の三四人が一緒に住んでいます。ほめてその気にさせると三将軍が、口やかましく言うと三四人が現れます。三将軍が現れると、「ちょっと難しいかな」と思うようなことでも、難なく自分でできてしまうようになります。

つまり三将軍を出現させたいなら、ほめて、認めて、やる気にさせること。三四人にしたくなければ、小言を言わない、口やかましく言わない、ヌッジにならないこと——ナッジを活用すれば、それが可能です。これが子育てにおける「虚実の理」であり、「虚実の理」とは、やる気になるか嫌気がさすかは親の関わり方ひとつで、いかようにもなるということなのです。

09

子育ての「利害」（九変篇）

書下し文

是の故に智者の慮、必ず利害を雑《まじ》う。利を雑えて、務め信《の》ぶべきなり。是の故に、諸侯を屈する者は害を以ってし、諸侯を役する者は業を以てし、害を雑えて、患解《うれいと》くべきなり。是の故に、諸侯を趨《はし》らす者は利を以ってす。（九変篇）

現代語訳

智者の考える戦術は、必ず利害を考察するものだ。利となることを明らかにすれば、準備は自然とすすんでいく。害となることを想定しておけば、問題点や不安があっても未然に解決できる。このように、諸侯を屈服させる者は、損害を与えて、諸侯をこちら側につかせ、従わせる者は利を与える。

育児対訳

上手な子育ては、必ず利害を考えるということです。子どもにとって利となることは何かを明らかにすれば、自然と自立への準備が整っていきます。害とはなにかを想定しておけば、問題や心配（悪い言動）があってもうろたえることなく、烈火のごとく怒ることもなく、親子関係を悪化させずに解決できるものです。このように、子どもを親の側につかせるには、子どもにとっての害を示し、子どもを親に引き寄せるには、利を見せるのです。

反抗期の子どもと向き合う4つのステップ

子どもは第一次反抗期を迎えるころになると、悪い言葉や汚い言葉を覚えてきて、「うるせー」とか「ババァ」などと母親に向かって言うこともあります。その場合には注意が必要ですが、注意すべきは、子どもは本心で言っているわけではないということです。覚えたての言葉を使ってみたい、親の反応をおもしろがって言っている、というだけのこともあります。

しかし、母親とすれば子どもの言葉を真に受け、「だれがババァなのよ！」と真剣に怒りたくなりますが、それは大人気ないことです。かえって相手の思うツボにはまるだけで、子どもはそんな反応を見てニヤニヤするだけでしょう。その顔を見るとますますムカムカしてきて罵声を浴びせる、という負の連鎖につながり、戦闘勃発の一歩手前という状態に至りますが、しょせん「子育ては、だまし合いなり」なのですから、あまりムキにならないことです。

昔は、「悪いこと言うのはどの口だ！」と怖い顔をして子どもに迫り、ほっぺたをつねる、ひっぱたくという仕打ちをする親、子どもが痛いと泣いても「悪いことは許さない」という厳しい態度を貫く親が多くいたものです。しかし、罰や痛みを与えるだけでは、子どももたまりません。時代的な背景もありますが、いまは体罰を与えるより、子ども自身に「自分が悪い」ということを理解させるという方法をとるべきです。

それには、親が力で押さえつけるのではなく、親子での対話を選択しなければなりません。ここで、第1章で述べた「こころのコーチ」の手法を応用してみましょう。

STEP1：子どもの気持ちに気づく

もしも悪い言葉を言ってきたら、「子どもの気持ちに気づく」ことが大切です。先に述べたとおり、子どもが悪い言葉を使うのには、おもしろがっているということもあります。そこで、「ハハーン、この子は親の反応をおもしろがっているんだな」と理解してあげます。

STEP2：「教育の場面」ととらえる

次段階は、「教育の場面ととらえる」です。まさに、ここは教育的指導をするのに絶好のチャンスですから、見逃さないようにしましょう。

STEP3：共感する、子どもの抱いている感情は妥当だと考える

次のステップは「共感する」です。悪い言葉を使いたくなるのは、子どもにはよくあることだと理解し、子どもの感情を妥当だととらえることです。

STEP4：子どもの感情の特徴をとらえて言語化する

ここまでのステップ1、2、3をふまえて、次のように言ってみましょう。

「いまの言葉は、よくない言葉よ。あなたはおもしろがって言っているのだと思うけど、言われてイヤな気持ちになる人もいるわ」

これが次のステップ4で、「感情の特徴をとらえて言語化する」です。子どもは、決してママのことが嫌いで悪い言葉を使っているわけではありません。だとしても、「それはママに対して嫌いだと言っているのと同じことだ」と伝えてあげるのです。さらに、次のように続けます。

「ママは、そんな言葉を言われて、とってもイヤな気持ちになったわ。あなたのことが嫌いになるくらい。ママは、あなたのこと嫌いになってもいいの？」

こう言われると、子どもの顔つきがだんだん曇り、「ダメー」と言うはずです。叩かれるよりもつねられるよりも、ママから嫌われるほうが、子どもにとってはよほどつらいことなのです。

STEP5：解決策を提示する

最後のステップは「解決策の提示」です。先の会話に続けて、次のように伝えましょう。

「じゃあ、もう二度と絶対に悪い言葉は言わないでね」

こうして、「悪い言葉は言ってはいけない」ということを教えてあげるのです。すると子どもは、「うん、わかった」と、素直に理解してくれるでしょう。

＊

子どもに対して力ずくで言うことを聞かせようとすれば、子どもは痛みに耐えられないので、しぶしぶ言うことを聞くでしょう。しかし同時に、自分を痛めつける親のことが大嫌いになります。そこに厳しさはあっても愛情はなく、いつしか言うことを聞かなくなってしまいます。

さらに、体罰を与えられたり抑圧されたりしてきた子どもは、親よりも体が大きくなったときに復讐に出ます。つまり、親に対して暴力を振るうようになるのです。そうなっては最悪ですから、子どもの悪い態度を変えさせたいなら、子どもの気持ちから変えることが大切です。

親の怒りは、子どもへの報復行動

ステップ4で、「その言葉を言われたら嫌な気持ちになる」と伝えることは、「そうであってはいけない」と伝えるということです。つまり、「悪い言葉を使うとママは嫌な気分になる」→「ママのことを愛していないと感じる」→「ママも子どもを愛せなくなるけど、それではいけない」、ということを順序立てて伝え、最終的には「互いに愛することが大切だ」という価値観を、対話を通して伝えていくわけです。これはすなわち、「人はみな、愛し愛されるべき対象である」という人間観を伝えているといえるでしょう。

「クソババァ」と言われ、目くじらを立てて怒り狂い、「何てことを言うの、この子は！」などと逆ギレしてしまうと、親自ら「人間はみな、不平等に侮蔑を受ける対象である」ということを体現していることになります。同時に、子どもにそう学ばせてしまっている、ということでもあります。

そもそも「怒る」という行動じたい、子どもを攻撃して黙らせるという報復行動にほかなりません。「不当な侮辱を受けた」ということを自ら認め、子どもに対して「あなたこそ、何の価値があるのか」と、大人気なくも反攻している行為だからです。これは、「人間は、侮辱、差別、軽蔑されてしかるべき価値のないものだ」と伝えているのと同じことです。

子育ての「利」とは、愛すること、愛されること。そして「害」とは蔑み、蔑まれることです。悪い言葉は悪いこと、言われた相手も嫌な気持ちになる、よくない言葉だということは、よく伝えておかなくてはなりません。「人間はみな愛し愛されるべきものである」——このことを子どもに伝えてほしいのです。

愛し愛されることが利であるとわかっていれば、こころのコーチのステップ1からステップ5までは、段階を踏んで自然と進んでいきます。そして悪い言葉を使えば自分自身の損害になることが理解できれば、悪い言葉などもう使おうとはしなくなるでしょう。こうして、親の気持ちに従わせることができます。さらに、親の言うことを聞いてくれたら、たくさん愛してあげるべきだということは、ここまでお読みいただいたみなさんなら、すでによくおわかりのことかと思います。

10

子育ての「無形」（虚実篇）

書下し文

故に兵を形するの極み、形無きに至る。形無ければ則ち深間も窺《うかが》う能《あた》わず、智者も謀る能わず。形に因りて勝ちを衆に錯《お》く、衆知る能わず。人皆な我が勝つ所以の形を知りて、吾が勝ちを制する所以の形を知る莫《な》し。故に其の勝復《ふたたび》せず、形に無窮に応ず。（虚実篇）

現代語訳

兵の究極の形は無形である。無形であれば深く入り込んだスパイでも窺う兆候がなく、智謀すぐれた者でもその企図を推察できない。敵の形にしたがって勝ちを得るが、敵はこの勝利がどのようにして実現したかを知ることができない。

凡人は（その道をつまびらかにせず、その跡を知るだけなので）このような形で誰々が勝ったとだけ知っているが、我が勝ちを制した「無形の形」を知らないのである。戦勝の術は、一度これで勝つことがあっても、再びその形で勝つということはない。（千変万化にして一定の形がない）無形なるがゆえに、敵の形によって我の形はさらに無窮であり、しかも勝ちを制するのである。

育児対訳

究極の子育てというのは、形のないものです。無形であるので、教育学や心理学などに深く通じた者でも実験や理論はそれを解く手がかりとはなり得ません。優れた脳科学者でもその仕組みは解明できません。自制心は、親が子どもの姿をしっかりとらえて関わることで育ちます。

凡人は、自制心が育つ過程を明らかにはしないでその結果だけを見ているだけなので、マシュマロが我慢できれば入試テストの成績が良いと結論づけます。しかしそれだけで、自制心が育ち自立にいたる「無形の形」の子育てを知ることはありません。マシュマロを我慢しなくても自制心を育てることはできるのです。

子育ては、必ずこうすればこうなるという一定の形はありません。子育ては、千変万化にして一定の形がない無形ですので、子どもの姿に応じて子育ての形は無限にあります。子育てとは子どもの姿をしっかりととらえることが始まりであり、いわば理論や思想や学問にではなく、現実に目を向けて親が子ども一人ひとりに、個に目を向けて適切に関わること、それこそが自立した姿に育てる究極の子育ての形であるのです。

マシュマロ・テストから見えること

子どもを自立させるためには、自制心と自己管理力が育つような関わりが重要ならば、それをどうやって育てればいいのでしょうか。そして、自制心と自己管理力が育つようすは、どのようにして把握できるのでしょうか？

それについては、アメリカの大学で自制心を計測した「マシュマロ・テスト」と呼ばれる有名な実験があります。

コロンビア大学のミシェル教授は１９６０年代に、スタンフォード大学の保育園で、４歳児１８６人の自制心を計測するのに、マシュマロを用いることを着想しました。まず、子どもたちにマシュマロを一つずつ分け与えます。そして先生は、「いつ食べてもいいけど、先生が部屋に戻ってくるまで我慢できた子は、マシュマロを二つ食べられますよ」と言って部屋を出ます。子どもには、いつ先生が戻ってくるのかは知らせません。15分後、先生が戻ってきます。結果、4歳児の3分の1に当たる約60人の子は、15分間我慢して二つのマシュマロを食べることができましたが、残りの3分の2に当たる約１２０人の子は、我慢できずにマシュマロを食べていました。

その後、ミシェル教授は子どもたちの人生を追跡調査して、その子どもたちが高校生になったときの学力を調べてみました。すると、我慢して二つのマシュマロを手に入れた子は、我慢できずに食べてしまった子よりも、ＳＡＴと呼ばれる大学入試共通テストの成績がずっと良かったことがわかりました。ミシェル教授はこの結果から、自分の欲望をコントロールでき、自制心のある子は、学力も高いことが証明されたと結論づけています。

みなさんならどうしますか？　我慢するのか、それとも食べるのか――私なら先生が部屋を出たら、マシュマロを真っ先に食べてしまいます。なぜなら、マシュマロは二つもいらないからです。それに先生が15分後に戻ってこないかもしれないし、戻ってきたとしても、本当にもう一つマシュマロをくれるかどうかわかりません。

こういうと、人を信頼していないように思われるかもしれませんが、実はこの実験では、先生が信頼できる人かどうかも重要な要素となります。興味のある方は、『子どもの発達格差――将来を左右する要因は何か』（森口佑介著、ＰＨＰ新書）をお読みください。

さて、我慢するか、食べるのか、ですが、我慢してマシュマロを二つゲットできた子は、忍耐力があるという見方もできますが、「もう一つ余分にもらいたい」という欲があったから我慢できた、というだけかもしれません。とすると、欲望をコントロールできているのか、欲望に支配されているのか、わからないことになります。「マシュマロは一つで十分、二つも欲しくない」と思える子どものほうが、自制心があるのではないか――と私は思いますが、実際はどうでしょうか。
もしかすると、「マシュマロを我慢することで将来的に成績がよくなるのなら、幼児期からマシュマロを使って自制心をトレーニングできるのでは？」と思われたかもしれません。それはそのとおりなのですが、しかし、たとえば保育園で、4歳児の年間保育計画のねらいを、「マシュマロを我慢できるようになることで、自己管理能力を獲得する」と設定したとしましょう。そして1年間、毎日のおやつをマシュマロにして、毎日「おやつの時間に、先生が戻ってくるまで我慢できたら2個食べられると伝え、15分間待たせる」という保育をすれば、いずれはほぼ全員の子どもが、目の前のマシュマロを我慢できるようにはなるでしょう。でも、これではみんなマシュマロと保育園が大嫌いになってしまいますね。

子どもの自己管理能力を育むポイント

それでは、自己管理能力を育てるにはどうすればいいのか、今度は脳科学の分野からアプローチしていきたいと思います。これについて、脳神経外科医の林成之先生は、次のように言っています。

「脳はその機能として、3歳以下の子どもにはわがままや自分勝手なことも、大目に見て許しています。しかし、もちろんそのままでは、社会のなかで集団生活を送ることはできません。そこで、なんと脳は4〜7歳になると、思考中枢である海馬でニューロンの間引きという現象を起こして、わがままで自分勝手な性質を持った脳神経細胞を間引いていくのです」

『素質と思考の「脳科学」で子どもは伸びる』（林成之著、教育開発研究所）

これはまさに「なんと！」と驚くべきことですが、つまり、脳は自ら脳全体の機能が落ちる脳神経細胞を排除し、「自己管理能力が自然に生まれるというスゴ技を使うのです」と述べています。これは、脳科学で「刈り込み」と呼ばれる現象で、この視点から子育てを考えていきましょう。

自己管理能力が生まれてこない脳機能の働き、つまり、わがままや自分勝手という自己保存本能や自我の本能などは、母親の庇護を受けなければ生きていけない時期、「自分は自分では何もできないから、自分を中心にしてくれ！」と周りに訴える2歳ごろまでは必要なものだといえます。このように、ある時期までは大切でも、その時期を過ぎると自己保存や自我にもとづいて社会に適応していくという脳の働きが必要となる、そのときに、あまりに多すぎる自己保存や自我の本能は間引かれる、ということです。4歳になれば、脳がいらない神経細胞を間引きしてくれて、自己管理能力が自然に生まれるのです。

さらに林先生は、次のように述べています。

「最初に自己管理能力を高めないと子どもの学習効果は上がってこない、途中でやめたり、適当にやり過ごしたり、中途半端なことをすると自己管理能力は伸びてこない」

これはごく当たり前のことで、「適当」「中途半端」とは自己管理力と相反することで、何も達成することはできません。そこで、親は適当あるいは中途半端ではない態度、つまり集中・熱中して、あきらめない子どもの姿に目を向けること、それを言葉にして伝え、ほめることが必要となります。つまり、自己管理能力を伸ばすには、そのような集中・熱中する態度を奨励することが不可欠なのです。

自己管理能力の成長と発達診断

この自己中心期と自己管理能力が育っていく時期の脳のようすは、発達診断で見ることができます。

図10は図1の再掲ですが、2歳ごろの自己中心期は、認知と記憶がＤＱ線の右に位置します。これが左側に位置し、拡散的思考が右に伸びて収束的思考はＤＱ線上、評価は右に一番伸びている、という状態が、自己管理力が育まれた知能ということです。

図10　発達診断プロフィールの理想的な形は？

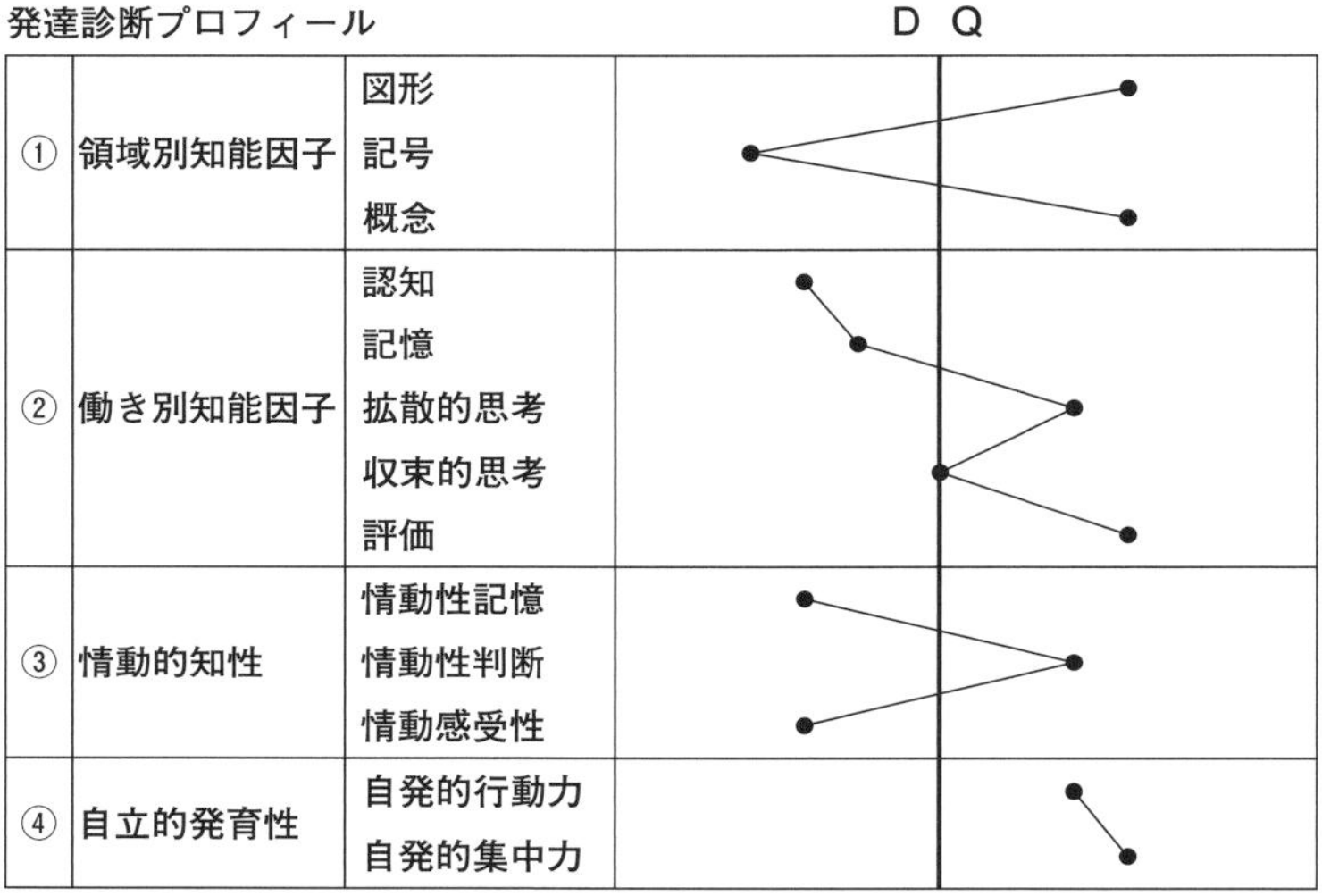

この形を目指すにはどうすればいいのか。次の4つのパターンに対する対応策を挙げてみましょう。

①認知、記憶が左に位置するようにする
↓過保護をやめる。自分ですべきことは自分でさせる
②拡散的思考が右に伸びるようにする
↓自分からすすんでした良い行動、態度、姿勢をほめる
③評価が右に伸びるようにする
↓子どもに判断させる。口うるさく指図しない
④収束的思考はＤＱ線上にある
↓叱りすぎない。結果をほめすぎない

つまり、過保護にならず、ほめるけれども「１００点」「一番」といった目に見える結果はほめず、叱りすぎず、自分で判断する場面をつくる――このことがふだんからできていれば、自然と良い脳の状態になります。

脳と成長の関係性

「認知」と「記憶」は、生まれたときから発達する力です。子どもは探索行動を通して周りの世界を理解し、記憶していきます。目や耳、手を通して感知した情報は、脳の視床に送られます。そこから大脳新皮質の感覚野で分類・認識・理解されたのち、大脳辺縁系に送られ、大脳辺縁系の扁桃核や海馬に記憶として貯蔵されます。扁桃核は、恐怖や怒りだけでなくすべての情動と深い関わりがあり、事実に付随する情動を記憶する部分です。海馬は事実そのものを記憶するところで、辺縁系は「学習」と「記憶」の大部分に関係しており、知能因子の「認知」と「記憶」が働く場所であるといえるでしょう。

ここで、脳の進化の歴史について少し触れておきましょう。大脳辺縁系は快楽と性欲を呼び起こすものでもありますが、これらは性愛のもとになる情動です。ここに大脳新皮質が1億年前に新しく加わり、辺縁系とつながったことで、母子間の愛情を育むことができるようになりました。

爬虫類のように大脳新皮質を持たない生物には、母性愛はありません。したがって、爬虫類の子どもたちは孵化すると同時に親に食われないよう、身を隠さなくてはならないのです。しかし人間の場合は、大脳新皮質の働きによる親子の強い絆のおかげで、生後長い年月をかけて個体として完成していくことができるようになりました。

脳の機能のなかでも、認知と記憶は0歳から2歳ごろまでに主として伸び、子どもはこの時期にさまざまなことを「学習」して「記憶」します。この時期はピアジェのいう「感覚運動期」で、五感を通して身のまわりの世界を確かめながら動きまわる時期です。この時期の子どもに見られる、母親を安全基地として行う探索行動は、発達においてとても重要です。

0歳から2歳までは、母親に依存する時期です。子どもの行動の特徴から、この時期に五つの知能因子のうちで一番強いのは、認知と記憶と考えられます。しかし3歳以降になっても、認知と記憶が他の知能因子よりも伸びている（DQ線の右にある）場合は、0〜2歳から脱皮できていない状態で依存性が強く、自分ですべきことをやろうとしない、甘えた幼い姿であることを示しています。

「拡散的思考」と「収束的思考」

3歳以降は、0歳から2歳までに培った学習と記憶をもとにして、「拡散的思考」「収束的思考」「評価」が育っていきます。

「拡散的思考」とは、いろんなことを思いつく、発想する、創造する、という力です。これが右に伸びていれば、意欲的、やる気、積極的という姿に現れ、自発的に物事に取り組むことができています。収束的思考と評価の位置にもよりますが、拡散的思考が右に伸びているのは、楽しくて、わくわくするような有意義な体験ができているという状態です。

これは、心理学者ミハイ・チクセントミハイの言う「フロー」と同じだといえます。「フロー」とは、チャレンジしている活動が、その人の持つ能力やスキルとおおよそ釣り合っているとき、または活動の方が技能をやや上回っているときに感じる没入感です。何を成し遂げようとしているのかの目標が明確で、取り組んでいる活動から瞬時に迅速で的確なフィードバックが得られて活動に集中し、時間を忘れて熱中している状態です。「フロー」とは水がよどみなく流れるさまですが、そのようにスムーズに、障害にあっても挫折することなく、活動に取り組みながらどうすればよりうまくできるかが自分でわかり、成果につながるので、「自分には世界をコントロールできる力がある」という感覚が生まれます。自己効力感、自己有能感というものです。これは必ず子どもに育てたい力ですが、このフロー状態をもたらすためには、子どもが自分の好きなことにとことん取り組めること、何かに没頭し、熱中できることがあることが重要です。いってみれば、子どもは「熱中症」であるのがいいのです。

「認知」と「記憶」はDQ線の左に位置し、「拡散的思考」と「評価」は右に伸びて収束的思考はDQ線上になるのが理想で、自己管理力が育っているかどうかはこの収束的思考の位置で決まる、と私は考えています。

収束的思考が左にあり拡散的思考が右にある場合は、意欲的かつ活動的であるものの、突然

図11

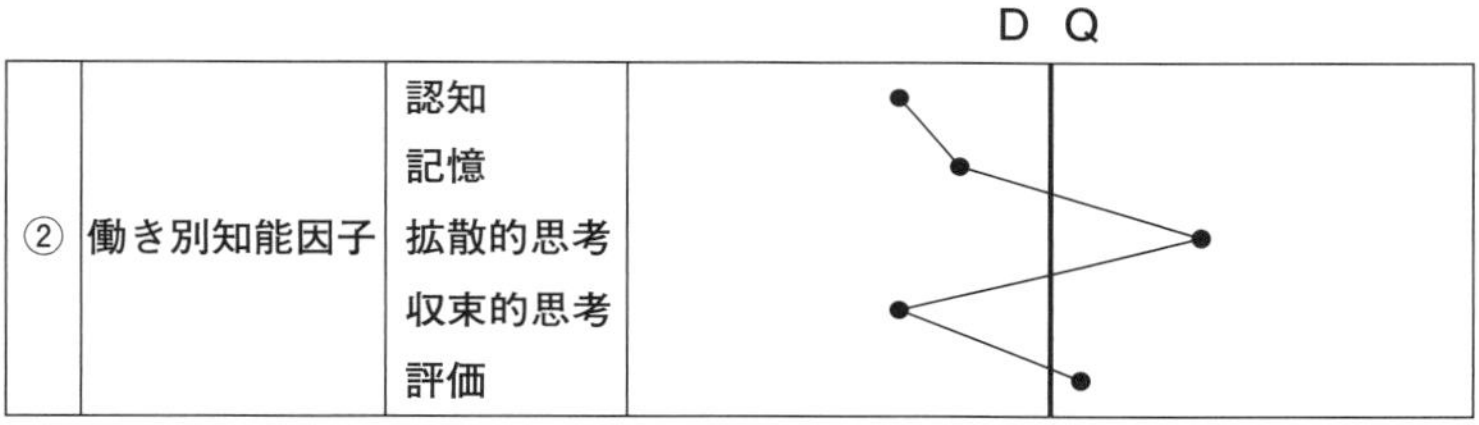

左に落ち込みすぎている

図12

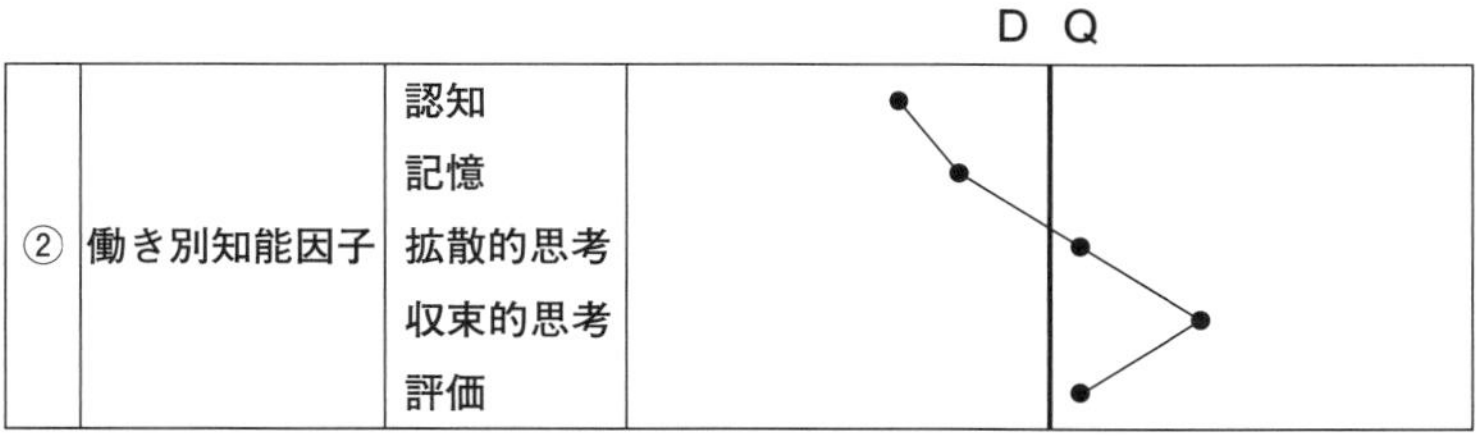

右に伸びすぎている

やる気をなくしてむら気になって途中でやめたり、適当にやり過ごしたりする、ということがあります（図11）。これは自分をコントロールする力、つまり自己管理力が育っていないことの表れです。一方で収束的思考が右に伸びているのは、「几帳面」「慎重派」「頑固」「こだわりが強い」「新しい環境になじむのに時間がかかる」といったタイプです。もともと持って生まれた気質ともいえますが、親の養育姿勢のせいで右に伸びている可能性もあります。

収束的思考が右の場合は、個人の特徴を無理に直そうとしたり否定したりしないことが大切です。「頑固でこだわりが強い」という特徴を直そうとすれば、ますます頑固になってこだわりが強くなるでしょう。あるいは、引っ込み思案な子どもに「恥ずかしがらないで、お友達と遊んできなさい」と言っても、なかなか自分からすすんで入ることはありません。

この場合、親が気になっても指摘せず、そっと見守っていてあげてください。それは子どもが持って生まれた性質、気質なのですから、それを指摘され直されるというのは、子どもにとって人格や存在を否定されているのと同じことです。

収束的思考が右にある場合、好きなことや得意なことはするけれど、苦手なことや嫌いなこと、やったことのないことには取り組まない、あきらめが早いという性質が見られます（図12）。自己管理力という点からいえば、目標に向けてやり遂げる力が不足しています。ただし、研究者のように自分の好きなことは集中してじっくり取り組むという面もあります。

このようなケースでは、収束的思考が右に伸びていることは気にせず、拡散的思考と評価を伸ばすようにしてください。具体的には、「良い態度や良い姿勢をほめる」「自分で判断させる」、ということです。

拡散的思考と評価が右に伸びれば、相対的に収束的思考の位置は左に移動していき、いつしかDQ線上におさまっていきます。それは、拡散的思考が伸びることで自分に自信がつき、慎重で引っ込み思案という資質が消えていくからです。いろんな場面に応じた判断が自分でできるようになれば、頑固さやこだわりで判断することがなくなっていく、ということです。

几帳面、慎重派、頑固、こだわりが強い、新しい環境になじむのに時間がかかる、といったタイプには、能力の高い子が多いのですが、関わり方を間違えると、せっかくの能力や才能をダメにしてしまうことがあります。ダメにする関わりとは過保護や過干渉ですが、子どもを管理しすぎないで「自己管理力とは、結局自分でつくっていくしかないのだ」と理解して接するのが、「すごい知能」をつくる秘訣です。

自己管理能力を育むプロセス

以上から、自制心（＝自分の感情や欲望、行動をコントロールする力）と、自己管理能力

（＝自制心をもって目標達成に向かう力）を育てるには、それに関連する知能因子を育てることが大切です。具体的には、次のとおりです。

①0～2歳のうちは、認知・記憶の力がよく働き、学習と記憶という基礎的な力が育つ時期なので、子どもの探索行動を大切にする。「汚いから触らないで」「ばっちいから、ダメよ」といったような、探索行動を禁止する言葉を過度に使わないことが重要。子どもと話をするときは目を合わせ、子どもの行動や興味を持った事物を言葉にして伝え、言葉の意味を伝える。

②3歳以降は、子どもが自分からすすんでした良い行動をほめる。これにより「拡散的思考」が伸びる。ほめて子どもが自発的に何かに熱中、没頭できる状態（フロー）をつくる。

③自分で判断する場面をつくる。これにより「評価」の力が育つ。口うるさくならないように心がけるとともに、指図、命令、禁止をしない。

④結果をほめない。結果をほめると「収束的思考」が右に伸びてしまう。

⑤プロセスや努力、あきらめないで取り組んだ姿をほめる。これにより「拡散的思考」が伸びる。

⑥叱りすぎない。叱りすぎると「収束的思考」が左に落ち込む。

⑦几帳面、慎重、頑固、こだわりが強い、新しい環境になじむのに時間がかかるという面が見られたときは、それを是正しようとしない。本人の特性だと理解し、その子の資質の良い面に着目する。

⑧子どもに対してきちんとさせようと厳しく接したり、親の要求が強かったり、高かったりしない。「収束的思考」が右に伸びてしまうことになる。

⑨④～⑦を繰り返し行う。これができていれば、「収束的思考」はＤＱ線上に位置するようになる。

⑩①から⑨までを繰り返し行う。

これによって、自己管理力が身につき、本書のタイトルでもある「すごい知能」が育っていきます。

先に述べたとおり、4歳ごろになれば脳が不要な神経細胞を刈り込み、自己管理力が自然と育ちます。親は、子どもの誰もが生まれながらにして持っている「すごい知能」が伸びるチャンスを、妨害しないように心がけなければなりません。

孫子の「無形の形」とは、相手に応じて臨機応変に態勢を変えることです。それを子育てに置き換えてみると、子どもの姿に応じて親は関わり方を変えてみることが大切だということになります。それにはまず子どもの姿をしっかりと把握することが必要ですが、そのために有効なひとつの手立てとして、発達診断があります。

発達診断は、子どもの姿を客観的にとらえたうえで、親の関わり方を自由自在に変えていくための手がかりとなるものです。子どもの姿は千差万別です。一人ひとりが違うように、同じ一人の子でさえも、日によって、あるいは置かれた環境によって違った姿を見せることがあります。それを親がしかと受け止めて育てていくとき、子どもは育っていくのです。

発達診断で得られることは重要なことではありますが、それは「無形の形」に資するひとつのテクニカルなものにすぎないともいえます。一番大切なことは、親は子どもをしっかりと受け止めること。そこがすべての原点であるということです。そしてそこから派生するもろもろのこと、すなわちほめ方や叱り方、関わり方などは子ども一人ひとりに応じて無限に近いほどのやり方があることになります。子育てとは結局のところ、本から得る知識や毎日の育児をするなかで、子どもと向き合うことをスタート地点として、自分で考えてみるべきこと、つまり知的生産活動でもあるのです。

11

子育ての「迂直の計」（軍争篇）

書下し文

軍争の難《かた》きは、迂《う》を以って直となし、患を以って利となす。故に其の途《みち》を迂にしてこれを誘うに利を以ってし、人に後《おく》れて発し人に先立ちて至る。此れ迂直の計を知る者なり。（軍争篇）

現代語訳

戦闘が難しいのは、遠まわりが逆に近道となるように不利を有利にする知恵が必要だからだ。したがって、わざわざ遠まわりをして遅れているように見せかけて相手に優勢であると思わせておき、敵に遅れて出発しながら敵に先んじて戦地に到着する謀議をし、自陣が有利な態勢をとること、これを迂直の計を知るという。

育児対訳

子育てが難しいのは、試行錯誤することが目標に到達する近道であると考える智恵が必要だからです。

一見まわり道のようでも自分で試行錯誤しながらいろいろ試してみて、どうすれば良い結果が得られるかを自分で工夫する機会が子どもには必要です。そうすれば、人より遅れをとっているように見えても、長い目で見れば自分で困難を乗り越えられるようになります。これがレジリエンスと言われるもので自己管理力、自制心という自立に必要な力になります。まわり道は、自立への一本道なのです。

「がんばれ」という声かけは正しいのか

以前、『やり抜く力——人生のあらゆる成功を決める「究極の能力」を身につける』（アンジェラ・ダックワース著、ダイヤモンド社）という本が話題になりました。自分のやりたいことや興味関心のあることに取り組み、最後までやり抜くということはとても大切なことです。うまくいかなかったら、どうすればうまくできるようになるか、それを自分で考えて工夫してみる試行錯誤する力、自分が思ったとおりの結果でなくても、めげずに何度でも挑戦する力——すなわちやり抜く力は、ぜひ子どもたちに身につけてほしい力です。

そのために、どんな言葉で声かけをすれば、効果的でしょうか。誰もがぱっと頭に思い浮かぶのは、「がんばれ」でしょう。「がんばれ」と応援すれば、子どもはやり抜くことができる、そう考える方もいるかもしれません。たしかに、「がんばれ」は相手の気持ちを強くすることもあり、わかりやすい励ましの言葉です。たとえば、なにかの競技に取り組む子どもに対し「がんばれ、がんばれ」と応援する光景はよく見られますし、子ども自身も後押しされ、「がんばってみよう」という気にもなるかもしれません。

しかし、いつも「がんばれ」と言っていればやり抜く力を育むことができるかといえば、そうでもありません。場面を考えないで使えば、逆効果となります。それは、「がんばれ」とは「困難にくじけず、最後までやり遂げよ」というメッセージだからです。つまり、この言葉は子どもに大きなプレッシャーを与えることにもなるのです。

競技中の選手には、「がんばれ！　がんばれ！」でいいと思います。途中であきらめてしまったら、結果は出ないからです。大勢の人から応援されれば、苦しさを乗り越え、ふだん出ないような力が発揮されることだってあるでしょう。ただし、ふだんの生活のなかで「がんばれ！　がんばれ！」と言われつづけるのは、「自分に負けるな」「あきらめないで、最後までやり抜け」とずっと強要されているのと同じことです。これでは子どもは疲れ果ててしまい、生きる希望を見失ってしまうかもしれません。この場合の「がんばれ」は、子どもからすれば「おまえはいま、がんばってない、だからがんばらなければならない。がんばらなければ、生きている価値もない」というメッセージを受け取ることになります。

明確な目標があるのなら、「がんばれ」も効果があるでしょう。「なにに対してがんばるのか」がわからないまま「がんばれ」と言われたところで、それは空疎な言葉となります。「人の気持ちも知らないでがんばれるか」、あるいは「勝手なことを言うな」という気持ちになるだけです。試行錯誤にしても、自分でやってみる前から「がんばれ」と言ったのでは、やる気を育むことはできません。やり抜く力に必要な意欲がわいてこないのです。

「言葉がけとは、行動に対する同時性と随伴性である」と指摘したのは、ある有名な心理学者――ではなく、かくいうこの私なのですが、これは「子どもをほめる言葉がけは、子どもが何かをしているときにその行動を言葉にすることと、行動を終えたときにそれを追随して承認したときにこそ期待する効果が伴う」という意味を指します。つまり、子どもが試行錯誤する姿が見られたら、そのときは「がんばれ」ではなく「がんばってるね」と声をかけること。試行錯誤している最中に「こうしたらどう？」「こうしたほうが、うまくいくわよ」などという余計な口出しは一切禁物で、子どもの考えにまかせること。そこは「待つ」「見守る」「まかせる」の姿勢を維持し、やり終えたら「がんばったね」「がんばってたね」「一生懸命やったね」「よく考えたね」と、子どもの行動を認める言葉をかけること――そうすれば、子どもはほめられたことで自信がつき、意欲がわき、やり抜く力が身につき、たくましい姿に育ちます。

「成長思考」と「固定思考」

心理学者のアンジェラ・ダックワースとキャロル・ドゥエックは、２０００名以上の高校生を対象に、「成長思考」についてのアンケートを実施しました。すると、「成長思考」の生徒は「固定思考」の生徒よりも、はるかにやり抜く力が強いことがわかりました。その後、低学年の子どもたちや、年上の成人を対象に調査したところ、「成長思考」と「やり抜く力」は比例することがわかりました。やり抜く力とは、「困難に直面してもめげずに立ち向かう力」ですので、「成長思考」「前向き」「ポジティブ」「心が強い」という姿勢がその原動力になることは、よくわかると思います。成長マインドセットは、困難や逆境を楽天的に受け止められるので、粘り強く立ち向かうことができるのです。

ドゥエックは、「マインドセットは、人が過去にどのような成功や失敗を経験してきたか、そして周囲の人々、とくに親や教師などの権威をもつ立場の大人が、どのような反応を示したかによって決まる」と述べています。また、ダックワースも「(成長思考になるか固定思考になるかは) 子どものころのほめられ方によって決まる確率が高い」と述べています。ほめ方については、すでにお話ししてきたとおり、「結果 (正解や一番であったこと、100点満点) をほめない、プロセスをほめる」「能力や才能をほめない、努力をほめる」ということが重要です。

マインドセット、心の持ち方は経験したことのある成功と失敗で決まる、ということを示す、動物を使った実験があります。成功と失敗の体験内容が、人の心を強くするか弱くするか、その違いになって現れてくるようです。

幼いころの成功体験が、子どもをたくましく育む

セリグマンと犬の無力感についての実験をしたスティーブ・マイヤーは、その40年後にラットを使い、ほぼ同じ実験をしました。回転ホイールを回せば電気ショックが止まるグループと、電気ショックを制御できないグループとにラットを分けたのですが、犬の実験と違うところは、ラットが生後5週間だったこと。これは人間の青年期に当たります。ラットを使った2回目の実験では、5週間後にラットが成体になったとき、両グループを回転ホイールがない状態（＝電気ショックが制御できない状態）に置き、ラットの行動を観察しました。

この結果、最初の実験で制御可能なストレスを経験したラットは冒険心が旺盛で、成体になったときに「学習性無力感」に免疫力を持っているように見えました。レジリエンス（耐性と回復力）を身につけて成長したので、無力感に陥ることはなかったといえます。一方で、若いときに制御できないストレスを経験したラットは、成体になって再度制御できないストレスを経験したときに、臆病な行動をとることがわかりました。つまり、若いころにつらいことを経験しても、「自分でストレスを制御できる」という成功経験をした場合、冒険心が旺盛になり、目に見えてたくましくなり、強くなったということです。

この実験結果について、マイヤーは次のように述べています。

「若いときに大きな逆境を経験して、それを乗り越えた場合、それ以降にまた逆境が訪れると、対処のしかたが変わってくる。ただし、それは非常に大きな逆境を経験した場合に限られる。ちょっと困った程度のことでは、脳に変化はおこらない」

「あなたなら逆境を乗り越えられる、と言われるだけじゃダメなんだ。（「がんばれ」ではダメなのですね。／筆者注）脳の神経回路の再配線が起こるには、下位の抑制領域（辺縁系＝ストレスを感じるところ／筆者注）と同時に、制御回路（前頭前野／筆者注）が活性化する必要がある。それは実際に逆境を経験して、それを乗り越えたときに起こることなんだ」

「困難なことに出会っても、必ず克服できる」「自分で自分をコントロールできる」という自信を持つこと、「こうすればこうなるはずだ」と自信を持って思えることが、困難を乗り越える力となります。若いときの制御可能なストレス体験がレジリエンスを生み、その後の大きな逆境にも立ち向かうことができるようになる、ということです。そのとき脳は、神経回路の再配線がなされて「すごい知能」に育っているのです。

子どもの「すごい知能」を育てるヒント

では、どうすれば難しいこと、大変なことに挑戦することができるようになるのでしょうか。

それには、先のマイヤーのラットを使った実験がヒントになりそうです。

マイヤーの実験結果から、自分で乗り越えられる難しいことを繰り返し経験することで、大きな困難に出会っても、めげたり逃げたりあきらめたりせず、自分で立ち向かえるようになる、と考えられます。難しいことに出会って自分なりに試行錯誤してうまく乗り越えた経験は、達成感につながります。このとき脳内には、快楽物質であるドーパミンが放出されています。

『もっと！　愛と創造、支配と進歩をもたらすドーパミンの最新脳科学』（ダニエル・Z・リーバーマン、マイケル・E・ロング著、インターシフト）では、ある実験を引用してドーパミンの特性に触れています。その実験とは、ラットの脳に電極を埋め込み、ドーパミン神経細胞の活性化を測定できるようにして、ペレット状のエサを落とすケージに入れるという内容です。エサを落としてみると、ラットのドーパミン系は活性化しました。毎日エサを落としつづけてラットの脳を観察すると、相変わらずラットはエサをむさぼってはいるものの、ドーパミン活性は停止していました。要するに、エサに興奮しなくなってしまったのです。

神経生理学者のウォルフラム・シュルツは、学習におけるドーパミンの役割に関心を持ち、別の実験を行いました。まず、サルのドーパミン細胞が集まっている領域に電極を埋め込み、二つの電球と二つの箱のあるケージにサルを入れます。ときどきどちらかの電球が点灯しますが、実はそれは、「電球が点灯したほうの箱にエサが入っている」という合図です。

サルは、はじめのうちあてずっぽうで箱を開け、エサを見つけるとドーパミンが発火（活性化）しました。しかしそのうちに合図の意味を理解し、自分で正解を見つけられることがわかると、エサの入っている正解の箱に毎回手を伸ばすようになりましたが、そのときからドーパミン放出のタイミングが変わりはじめたのです。つまり、エサを見つけた時点でドーパミンが活性化していたのが、電球が点灯した時点で発火するようになりました。

これは、サルは電球がつけばエサが手に入るということを一度学習すると、サプライズをエサからでなく、電球の点灯からもたらされるようになったということです。つまり、電球が点灯するとエサが得られるという期待感からドーパミンが放出されたわけです。このドーパミンの活性化は快楽の指標ではなく予想外のことや可能性と期待に対する反応だということから、それを「報酬予測誤差」と呼んでいます。ドーパミンの活性化は、「思っていた以上によかった」あるいは「未来マイナス現在がプラスであるだろう」という、誤りかもしれないけれど可能性に期待をかけたときに、現れる反応だというのです。

これを子どもに当てはめれば、ちょっと難しい課題に取り組んで一度成功体験をすると、難しい課題に出会ったときに「次はきっとできるから、やってみよう」という思考になります。そのとき、可能性と期待に対してドーパミンが放出されます。ドーパミンは、腹側被蓋野に大量にあり、軸索で側坐核につながっています。軸索が活性化すると、ドーパミンが側坐核に放出され、やる気が起きます。この回路は「中脳辺縁系」と呼ばれるドーパミン欲求回路で、注意を集中させてモチベーションと興奮を与えてくれます。

ただし、やる気になるだけでは達成はできません。そこで脳は「計画を立てる能力——戦略を練り、周囲の世界を支配し、望むものを手に入れる能力を与えて」います。これを先に紹介した『もっと！　愛と創造、支配と進歩をもたらすドーパミンの最新脳科学』では、「ドーパミン制御回路」と呼んでいます。欲求回路も制御回路も「違う機能を生み出してはいるが、その目的は同じ」——すなわち、「よりよい未来にひたすら意識を集中させること」にあります。

ドーパミン制御回路は中脳皮質系のドーパミン経路で、想像力の源でもあります。未来を実現するための計画を立てる力で、現実ではない可能性の世界のことを想像する力といえます。制御回路も腹側被蓋野を起点としていますが、欲求回路の終点が興奮と熱意を引き起こす側坐核であるのに対して、制御回路は論理的思考を扱う前頭前野につながっています。そこでいくつもの可能性を推測し、あらゆる情報を比較対照し、目標達成の手段と方法を考え、何事かを成し遂げたときに自分の人生を支配したという快感を得ることになります。

これが、マイヤーのいう「下位の抑制領域と同時に、制御回路が活性化する」状態であり、努力する能力はドーパミンによるもので、粘り強さのもととなるのもまた、ドーパミンなのです。

「学習性勤勉性」は身につけることができる

努力や粘り強さに関する実験を、もう一つ紹介しましょう。

心理学者のロバート・アイゼンバーガーは、小学生に簡単な課題をやらせて、ごほうびに小銭を与えました。子どもたちが上達したところで、何人かにはもっと難しい別の課題をやらせました。残りの子どもたちには簡単な別の課題をやらせて、小銭をごほうびに与えました。

その後、両方の子どもたちに単語を書き写すという単純な課題を与えると、難しい別の課題を与えられていたほうが、簡単な別の課題を与えられていた子どもよりも、単語を書き写すという単純な課題に黙々と熱心に取り組んでいました。つまり、難しい課題をこなしたほうが、単純な作業を粘り強くこなすことができたのです。

ダックワースによると、この研究の重要な結論は「努力と報酬の関連性は学習することができる」ということで、「それを学ばない限り放っておくと怠けてしまうようにできているらしい」と言っています。子どもも努力してやり遂げることを自ら学ばないと怠け者になってしまうのです。

アイゼンバーガーは、「勤勉さは学習によって身につけることができる」として、セリグマンとマイヤーの「学習性無力感」に対し、これを「学習性勤勉性（learned industriousness）」と名付けました。「industriousness」は、「勤勉」「精励」「物事に一生懸命力を尽くす」という意味ですが、いいかえれば「努力すること」といえます。これは、制御回路の活性化を誘発するひとつの小さなステップになると思います。

また、慶應義塾大学先導研究センターの山崎由美子特任教授らは、霊長類のマーモセットに道具でエサをとらせる訓練をした実験で、難易度の高い訓練を達成するほど、側坐核という報酬に関わる脳部位の体積が増加することを発見しました。山崎教授はこの研究結果として、「学習とその成功がさらなる継続的な学習への神経基盤を作ることを示したという点で意義がある」としています。これは、欲求回路を活性化するひとつのステップになるでしょう。

子どもへの期待が「すごい知能」をつくる

こうしたステップをいくつか組み合わせて経験することで、欲求回路と制御回路が同時に活性化して脳の再配線が行われ、「すごい知能」がつくられていきます。「自分にはできる」という自信を持ち、目標を定めて達成のために計画を練り、あれこれと試してみる——そういう試行錯誤を何度も繰り返して粘り強く努力することで、知能はぐんぐん伸びていくのです。

試行錯誤は、一見回り道のように見えるかもしれません。しかし、それは「すごい知能」を育てるにはむしろ近道であり、子どもが自ら試行錯誤することでどんどん「すごい知能」に育っていくのです。そう考えると、何だかわくわくしてきませんか？——それもそのはず、これも「報酬予測誤差」で、「すごい知能」への期待感がドーパミンを放出させているのです。

ここで、アメリカの心理学者であるロバート・ローゼンタールらによる、有名な心理学の実験を紹介しましょう。

彼らはある小学校で、知能テストを行いました。そして各クラスの教師に対し、「あなたのクラスには素晴らしい素質を備えた児童がいる」とその子らの名前（Aくん、Bさん、Cさん）を挙げ、「これから伸びる最大の可能性を持っているが、このことを本人には言わないように」と言い、その子たちに教える時間を増やしたり減らしたりしないように伝えました。そして1年後、児童たちが再び知能テストを受けたところ、Aくん、Bさん、Cさんの知的能力は、飛びぬけてよくなっていたのです。

当たり前だと思うかもしれませんが、この実験で注目すべきポイントは、Aくん、Bさん、Cさんは、最初のテストではきわめて平凡な成績だったという点です。つまり、ローゼンタールらは名前をでたらめに挙げ、教師にウソを言ったわけです。しかし、この子たちは1年後に本当に優秀な子になっていたのはなぜか——それは、教師たちが子どもの可能性を信じたこと、そのことが言葉以外のなにかによって無意識のうちに伝わり、言外のメッセージが子どもたちにプラスの意味をもたらして現実のものになった、ということを表しています。

これこそが「ピグマリオン効果」と呼ばれるものですが、子どもの潜在的可能性を心から信じれば、それは現実のものになります。子どもが粘り強く努力するもととなるドーパミンが放出されるには、まずは親が「すごい知能」に期待をかけ、親のほうもドーパミンを放出していることが必要となるのかもしれません。

Column

発達診断プロフィール解析・その3「拡散的思考」「収束的思考」「自発的行動力」

●拡散的思考を伸ばすには？

拡散的思考（diversion）は、意欲、積極性、やる気、自信、勇気、元気、明るさという良い面の姿につながり、表の右にあればその姿が現れています。左にあればその逆で、自信がない、集団のなかでも引っ込んでいるという場合に現れます。

拡散的思考を伸ばすには、ほめることが大切です。自分からすすんでとった良い態度や良い姿勢をほめることで、それが自信につながり、やる気になります。ドーパミンが放出されて創造力や想像力が働き、自分で工夫するようになります。

独特の発想やアイディアは、視床に集められた情報が大量に大脳皮質と意識に送られるときに生まれます。大量に送られるのはドーパミンの量が適正でないという原因によるものでこれにより統合失調症、精神疾患にもなりかねないのですが、脳の他の機能が正常であれば創造性が生まれます。天才と狂気は紙一重と言っても良いでしょう。

このあふれるアイディアを活かす働きをするのが、前頭葉です。運動の効果が最も出るのが前頭葉と海馬ですが、運動すると前頭葉の血流がふえて機能が向上し創造性を高めると『運動脳』のアンデシュ・ハンセンは言っています。

作家の村上春樹も『走ることについて語るときに僕の語ること』のなかで執筆中は毎日10キロのランニングをすると書いていますが、運動は創作にも影響を与えるようです。

●収束的思考は伸びすぎてもよくない

収束的思考（conversion）は、論理的に考えてひとつの正解を見つける力です。これが右にあるのは、几帳面、慎重派、頑固、こだわりが強い、新しい環境になじむのに時間がかかる、というタイプです。うまくできるかどうかが気になり、うまくできないこと、できそうもないことはやりません。また、やってみてうまくできないことがわかると、すぐにあきらめる傾向があります。

このタイプは、良い結果が得られないと嫌で、失敗したくないという固定マインドセットの持ち主です。試行錯誤は大事なことですが、だからといって「あきらめないでやりなさい」と言ってもかえって逆効果で、一向にやろうとしません。それは、本人にとっては失敗することが何よりも嫌で、失敗を恥ずかしいことととらえているからです。この場合は、けしかけない

図13

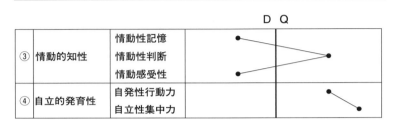

③	情動的知性	情動性記憶	
		情動性判断	
		情動感受性	
④	自立的発育性	自発性行動力	
		自立性集中力	

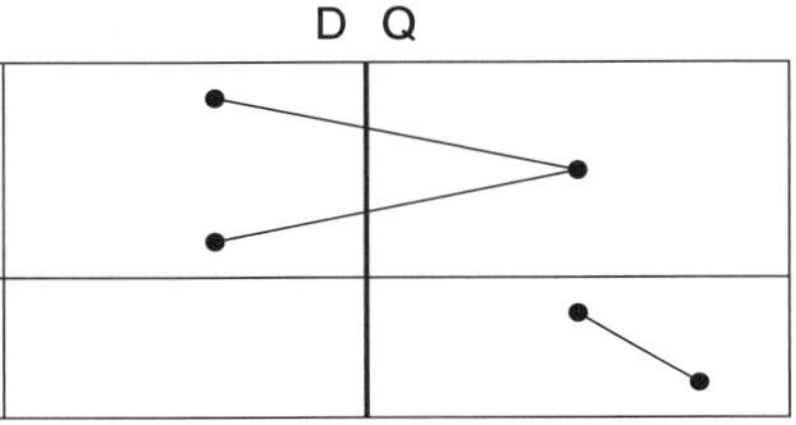

で見守ることが大事です。

反対に、左にある場合は叱られすぎの状態で、叱られるのを嫌がっています。さらに情動感受性が右に振り切るぐらいであれば、体罰を受けていることも考えられます。恐怖感を感じているほどの叱られ方をしていますので、叱るのをやめなければなりません。

●自発性行動力を伸ばすには？

自発性行動力が右にあれば、いろんなことに興味関心を持ち、意欲的でいきいきした姿に育っている状態です（図13）。この力を伸ばすには、自分ですべきことは自分でさせてほめることです。自立性集中力とは、一般に言う集中力です。右にあれば集中して取り組むことができ、必要な我慢もできます。

自立性集中力が左にある場合は、母親の愛情の確認ができていない状態で、甘えたい気持ちが十分に満たされていません。乳幼児の弟妹がいる兄姉に見られ、赤ちゃん返りなどの退行現象

図14

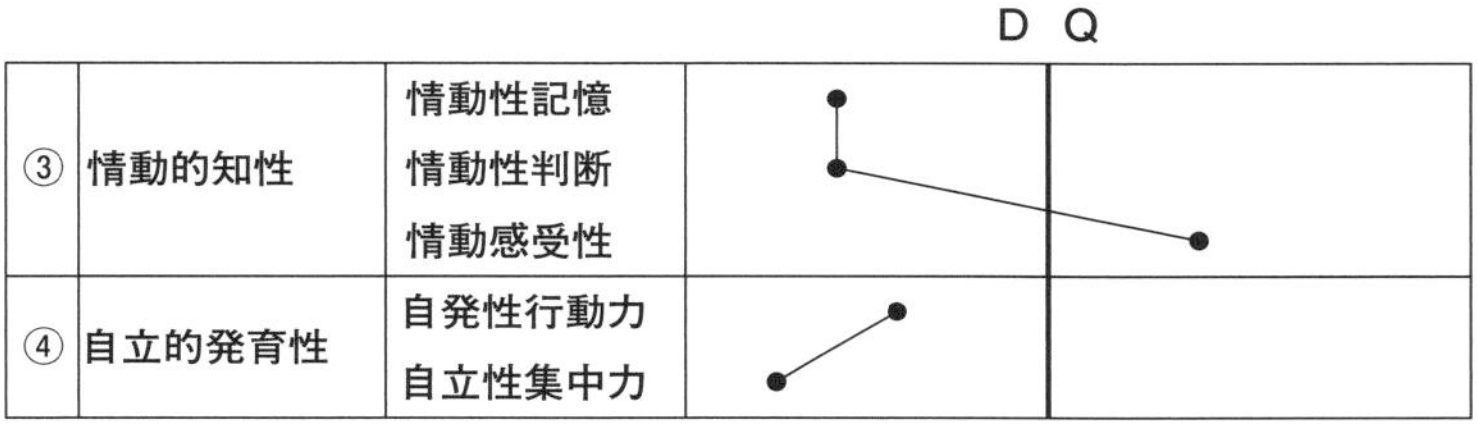

を起こしています。

自発性行動力と自立性集中力が左にある場合は、甘やかしすぎ、世話の焼きすぎです。子どもが自分ですべきことを周りの大人たちが代わりにやってしまっているので、自立する機会を損ねています。

図14のような結果の場合、祖父母にまかせっきりで、祖父母が甘やかしているケースが多く見られます。情動性判断も左であれば過保護で過干渉になっていますので、養育態度の改善を要します。

第4章

「叱る」と「怒る」
——幸福な子育てのために

12

子育ての「兵を用うるの法」(軍争篇)

書下し文

偽《いつわ》りに北《に》ぐるは従《お》う勿《な か》れ、鋭卒は攻むるなかれ、餌兵《じへい》は食らうなかれ、帰る師は遏《とどむ》る勿れ、囲師は必ず闕《か》き、窮寇《きゅうこう》には迫るなかれ、此れ兵を用うるの法なり。(軍争篇)

現代語訳

敵が偽装して逃げるのを追ってはならない。
敵の兵士の勢力が強い場合は攻めてはならない。
敵がわざと弱い兵士をおとりに出したときは、つられて出てはならない。
敵の師団が退却しようとするときはこれを留めてはならない。
敵を包囲した場合は必ず一方を開けておく。
敵が追い詰められて決死の覚悟を決めたならこれを追い詰めてはならない。
これが兵法というものである。

育児対訳

子どもが、逃げまわるのを追いまわして叱らない。

子どもが、わがままを言って泣きわめくときは、相手にしてはならない。

子どもが、泣いて弱さを見せても、それにつられない。

子どもが謝れば、その場から逃してあげて、引き留めてくどくどと説教しない。

子どもを追い詰めないで逃げ道をつくり、もうしませんと言ったらその覚悟を問いただすようなことはしてはならない。

これが子育てです。

「叱る」「叱られる」のメカニズム

「叱る」と「怒る」の違いは何でしょうか。「叱る」とは、子どもの言動に気になるところがあると、それを強く咎めること、一方で「怒る」は感情が昂っているようすを指します。しかし、私たちは叱っているうちに感情が昂ってきて、怒りに変わることがよくあります。こうなると、「叱る」と「怒る」が同じになってしまいます。

親は子どもに対し、叱って態度を改めさせようというつもりが、不要な懲罰を与えてしまうことがあります。叱るという行為自体、「上位者から下位者に対し、否定的判断を下して懲罰を加える」という意味を持ちます。叱っているうちについなんらかの制裁を与えてしまっている、という経験をした人も多いでしょう。

『〈叱る依存〉がとまらない』（紀伊國屋書店）の著者で臨床心理士の村中直人さんは、人間には悪いことをした人に罰を与えようとする「処罰欲求」というものがあり、叱る行為はこの欲求を満たすものである、と述べています。処罰欲求とは、他者に対して不利益や苦痛を与えたい、という欲求です。

叱られる側は、叱られているうちにだんだんと慣れてしまう「馴化」という状態になります。これは一種の自己防衛本能ですが、叱られているうちにだんだんと反応が鈍ってくるので、叱る側の処罰欲求が満たされなくなります。そうなると、叱る側はだんだん叱り方が激しくなる――これこそが虐待やパワハラのメカニズムなのです。

村中さんによると、処罰欲求の充足のために、脳の報酬系回路が刺激されるという研究結果があるそうです。叱っている側の脳内には、叱ることで快感をもたらすドーパミンがたくさん分泌されるというのですが、これはある意味で衝撃的な内容です。叱ることが快感なのですから、どんどんエスカレートします。一方で叱られる側はしだいに馴化しますから、叱られてもいうことをますます聞かなくなり、黙り込んでしまうなどの無反応になります。すると叱る側はますます叱り、快感を覚えてまた叱り……という悪循環に陥るわけです。

村中さんは、これを「叱る依存」と名付けています。苦しい状況にある人が、苦痛から逃れようとして、つまり苦痛を忘れようとして叱る。それによってドーパミンを放出する――それを繰り返すうちに、「叱る」という行為から逃れられなくなってしまうのです。

処罰欲求には、自分よりも劣っている他者を見ることで自己評価が高まる、というメカニズムが働いているとされています。つまり、叱るという行為は脳の報酬系回路を刺激しているのですから、叱りはじめると止まらなくなるという状態に陥ります。いつも子どもを叱ってばかりいる親、あるいは「叱らないでおこう」「我慢しよう」と思っていても叱らずにはいられないという親は、このメカニズムが親の脳内で働いていることを知るべきです。叱るのを止められないときというのは、脳の中で子どもを「自分よりも劣った存在」と見ていて、叱ることで自己評価を高めているだけにすぎません。つまり、その叱るという行為は、まったく子どものためになっていないのです。

もし、パパから見て「ママはいつも叱ってばかりいるな」と思うことがあるのなら、ママは苦しい状況にあるせいで「叱る依存」に陥っているのかもしれません。そうであれば、パパからママに対し、家事と育児をいつもがんばってくれていることに対し、心から感謝とねぎらいの言葉をかけてほしいと思います。

「ママ、いつもありがとう。子育てがんばっているね、家事も大変だよね。ママのおかげでパパは仕事ができているよ」

こんなふうに声をかけることで、ママは「自分の育児や家事に対してパパは理解してくれている」「気持ちを察してくれている」と感じて、ほっと救われた気持ちになるでしょう。つまりママの気持ちに共感する・ほめるということですが、共感する・ほめるとは子どもに対してだけでなく、ママや家族みんなに対してすべきことなのです。そうすれば、自分の気持ちに余裕を持つことができ、「ママとしての仕事は大いに役に立っているのだ」と自己評価も高まるに違いありません。ただし、ただ言うだけではダメですので、しっかりと家事の役割分担をして、パパができることはどんどんしてあげてください。一度だけではなくて、毎日です。

「叱る」の効果

「叱る」は子どもに苦痛を与えているだけで、「叱っても学びや成長にはあまり役に立たない」と村中さんは指摘しています。とはいえ、なかには「叱ったために、子どもが自分でするようになった」という人もいるかもしれません。しかしこれは、「叱られて動くようになった」というよりは、「叱られるのが怖いから、あるいは叱られるのが嫌だから、渋々親の言うとおりに動いている」というだけのことなのです。

子どもが苦痛を感じれば、子どもの脳内では苦痛回避を優先し、防御システムを働かせようとします。これは、脳の報酬系に関係する学びや成長とは違うメカニズムなので、叱ったところで学びや成長は期待できないのです。

さらに村中さんは、次のように述べています。

「ストレス優位な状況＝防御システムの作動中は知的能力が下がります。意図的に考慮、熟慮するメカニズムを低下させ、生物としての反応を活性化させる。これが長期にわたると脳にダメージを与えます。発達段階にある子どもにはまさに悪夢。知的能力が発揮できないうえ向上を阻害されてしまうのです」

「もうひとつ大きいのが学習性無力感。人間は否定されると何をやってもムダという究極の諦めモードに意外と簡単になる」

叱ることは期待する効果が得られるどころか、何も得られるものがない。それだけでなく、学習性無力感に取りつかれてしまう——学習性無力感については第2章で触れたとおりですが、つまり叱るという行為は、子どもの考える力を低下させ、生物としての反応を活性化させてしまう、すると子どもは本能のまま動く、ということになります。理性的に行動しなくなり、感情的に行動するようになるのです。

これは、発達診断のプロフィールでいえば、情動感受性が右に振り切るぐらいの位置に現れている状態です。親は叱りすぎて（というよりは怒って）いるので、子どもも一緒に感情的になって怒っている、という状態です。「子ども叱るな来た道じゃ、年寄り笑うな行く道じゃ」という言葉を聞いたことがあるでしょうか。誰が言ったのか知りませんが、言い得て妙です。「子どもを叱っている自分だって、昔はそうだったのではないか？　だったらそんなに叱らなくてもいいのに」ということですね。

こう聞くと、「それでは、叱らないほうがいいんだな」と考える人がいるかもしれません。しかし、何でもかんでも叱らないのがいい、というわけではなく、ときには叱ることも必要です。何をしても叱らないというのは放任、ほったらかし、無関心ということです。

叱らなければいけないときとは、子どもが危険なことをしそうになったとき、悪い行為をしたときです。そういうときは「危ない、やめなさい」「人を叩くな、やめなさい」などと、ピシッと簡潔明瞭に言うべきです。

村中さんは、叱るという行為の効果は、「予防」「抑制」だけだと述べています。危ないことは事前に言ってさせないようにする、悪いことは二度とさせない、それが叱るという行為が果たす唯一の役割だということです。

兵法から読み解く子どもの叱り方

孫子は、敵の変化に応じてとるべき対応について語っていますが、その変化への対応の仕方は、子どもの叱り方に通じるところがあります。つまり、子どもがいつもとは違った姿を見せたとき(=変化したとき)、それは親が子どもの言動に対し、是正勧告や教育的指導をする必要があるときです。

兵法では、「気・心・力・変の四つを治める」ことが勝利の条件である、としています。変化に対応するには気力・精神力・戦力が重要であるのと同様、子どもの変化に柔軟に対応するには、子どもの気持ちを察したうえで、柔軟に対応できるテクニックが必要です。

ここで、兵法の言葉を子どもの叱り方に置き換えてみましょう。

兵法 敵が偽装して逃げるのを追ってはならない。

育児法 反省したふりをして逃れようとするのを、追ってはいけない。

叱られているのに全然反省しないで反省したふりをして逃げようとするのは、叱られることに慣れっこになってしまっているのです。

こんなときにはそれ以上言っても無駄なので、追っかけまわして叱らないこと。追うのは親の「気」「心」が不安定だからです。体罰をしているのならやめてください。それは「力」を過信しすぎです。

兵法 敵の兵士の勢力が強い場合は攻めてはならない。

育児法 子どものワーワー・ギャーギャーは相手にしない。

わがままいっぱい泣きわめく子どもは、親が根負けすることを待っています。いわばエサをまいているのですから、決してこれを食べてはいけません。食べたが最後、相手の思うツボです。

「うるさい」「やめなさい」などと怒鳴ってもムダ。「お菓子買ってあげるから、もう泣かないで」と言おうものなら、子どもの作戦は大成功で、まんまと罠にはめられたことになります。親は「気」「心」を子どもに操られているのです。

兵法 敵がわざと弱い兵士をおとりに出したときは、つられて出てはならない。

育児法 わざとらしいメソメソ・しくしくに、つられない。

子どもは、しくしく泣いたりすねたりして弱さを見せ、親を誘惑することがあります。それにつられて「かわいそうだから聞いてあげよう」などとは思わないことです。

モノを買い与えない、要求を聞き入れないという態度をとるべきことは、前の例と同じです。これも親は「気」「心」を操られています。

兵法　敵の師団が退却しようとするときはこれを留めてはならない。

育児法　「ごめんなさい」と言ったなら、それ以上は説教しない。

子どもがわかってくれたのなら、もうそこまでにしておいてください。「ごめんなさい」が言えれば許してあげて、「帰る師は遏《とど》むる勿れ」で元の楽しい遊び場に帰りたがっている子を押し留めて延々とお説教を続けることは良くありません。「気」「心」が興奮して「力」で押さえつけようとしています。

兵法　敵を包囲した場合は必ず一方を開けておく。

育児法　叱るときは、逃げ道もつくっておく。

「どうしてそんなことをしたんだ」と延々と叱られれば、子どもは委縮して心を閉ざします。それが積み重なると社会に復讐をしてやろうという気持ちに変わります。延々と説教して子どもを責めないで、反省したなら許して逃げ道をつくってあげてください。「窮寇《きゅうこう》には迫るなかれ」で「窮鼠《きゅうそ》猫を噛む」というように、追い詰められたままでいると将来とんでもないことをしでかすかもしれません。追い詰めるのは「気」「心」が平常を失って「力」の使い方を間違っているからです。

兵法 敵が追い詰められて決死の覚悟を決めたならこれを追い詰めてはならない。

育児法 子どもが叱られて、もうしませんと言ったら、それ以上叱って追い詰めてはいけない。

「もうしません」と言ったなら信じてあげてください。「本当に、もう絶対しない、って約束してね」などと言うのは、子どもを信用していない証拠です。

すでに「もうしません」と親に誓いを立てたのですから、「もしこんどまたやったら、指をちょん切るわよ」などと念押ししないことです。これをすると、子どもは親を「自分の存在をおびやかす危険な存在」と感じ、嘘をつくようになります。このとき、親は「気」「心」の安定均衡が崩れ、「力」で押さえつけようとしているのです。

13

子育ての「火攻」（火攻篇）

書下し文

凡そ火攻《かこう》五あり。一に曰く人に火す、二に曰く積に火す、三に曰く輜《し》に火す、四に曰く庫に火す、五に曰く隊に火す。火を行わる必ず因あり、烟《えん》火は必ず素《もと》より具《そな》う。火を発する時あり、火を起こす日あり、（中略）主、怒りを以って師を興《おこ》すべからず。将、慍《いきどお》りを以って戦さを致すべからず。利に合いて動き、利に合わずして止む。怒りは以って復た喜《ま》ぶべく、慍りは以って復た悦ぶべし。亡国は以って復た存すべからず。死者は以って復た生ずべからず。（火攻篇）

現代語訳

火攻めに五つある。一に、兵士を焼き打ちにする、二に、集積された物資を焼く、三に、食料輸送の車を焼く、四に、倉庫を焼く、五に、橋など行路を焼く、である。火攻めをするには必ず条件がそろい道具や材料が準備されていなくてはならず、しかも適当な時期がある。（中略）

君主や将軍は怒りで軍隊を動かし、戦争をしてはならない。利に合えば動き、利に合わなければやめる。怒りは感情の変化であるから喜びに変わることもある。しかし、国が亡びれば二度と復興することはなく、死者は生き返らない。

育児対訳

子を叱るとき、次の五つがあります。
一　叱り飛ばして火が出るほど叩く。
二　子どもが集めた宝物なのに、それを罰として捨てる。
三　ごはんを与えない。
四　おもちゃ箱を廃棄する。
五　押し入れに閉じ込めて行き場を断つ。
叱るには、タイミングがあり、叱られる理由が必要です。

親は怒って子どもを動かそうとしてはなりません。また、そのときの感情で子どもを叱ってはなりません。子どものためになる叱りとは、危険なことや悪いことをさせないようにすることと、万一してしまったときは、やめさせて二度としないようにさせることです。親の感情で叱るだけなら、叱るのはやめましょう。

親は感情にまかせて叱りますが、感情は変化するものなので親の怒りはいつの間にか知らないうちに消えて、（勝手なことに）ほがらかな気持ちに変わってしまうこともあります。しかし、ひどく叱られて委縮し閉ざされた子どもの心は二度と開くことがありません。

「怒り」は「火攻め」である

親にとって「してほしくない行動」を子どもがとっているとき、それをやめさせようとして親は叱ります。とくに、「してほしくない行動」が親にとって許せないことである場合、怒りの感情がわき、カッとなって大声で怒鳴りつける、ヒステリックに喚き散らす、ということになってしまいます。こうなると、まさに兵法の火攻めの戦法のごとく、怒りがエスカレートすることになります。それはまさに火攻め、焼き討ちで、子どもを焼き殺すつもりなのかと思えるほどの残虐な行為です。

この項では、親が怒りの頂点に達した状態を、兵法の火攻めになぞらえて見てみましょう。まとめると、次のようになります。

1　兵士を焼き討ちにする　↓　烈火のごとく怒り叩く
2　集積物資を焼く　↓　大事な宝物を捨てる
3　食料輸送車を焼く　↓　食料を与えない
4　倉庫を焼く　↓　おもちゃ箱を捨てる

5　橋、行路を焼く　↓　押し入れに閉じ込めて、行き場をなくす

兵法で言っていることが、おもしろいぐらい子育て中の親の叱り方（＝怒り方）にうまく当てはまることがわかるでしょう。みなさんも、身に覚えがあるのではないでしょうか？　こうなると、子どもはただひたすらに嵐が通り過ぎるのを待つしかありませんが、これでは子どもの知能は伸びません。

それでは、怒らないようにするには、どうすればいいのでしょうか。「怒りは悪である」と怒りの根絶を目指して「怒らない経営」を実践していらっしゃる、興味深い経営者がいます。宅配寿司のサービスを展開している「銀のさら」の社長、江見朗さんです。江見さんは、次のように語っています。

「怒りは、悪であり、大きな誤りです。怒りは、あなたに損をさせます。怒りは恥ずべき感情です。怒りは、自分の弱さの裏返しです」

江見さんは、今でこそ「怒らない社長」として有名ですが、怒らないようになったのは、『怒らないように』と必死で我慢して怒らなくなったわけではない」と言います。そうではな

く、「怒ることは良くないこと、損をすること、弱い自分をごまかしていることだ」と気づいてからは、自然と怒ることがなくなったそうです。なるほど、そういうふうに考え方を変えれば、できそうもないことでもできるようになるのでしょう。これは、物の見方や考え方を変えれば、その人の行動が変わる、という良い例です。

「然るべきことがらについて、然るべき人々に対して、さらにまた然るべき仕方において然るべきときに、然るべき間だけ怒る人は称賛される」――これはアリストテレスの言葉ですが、「然るべき」「然るべき」とあるように、適切な事例を選び、適切な対象に、適切な方法で、適切な時期に、適切な時間だけ怒る人は称賛される、というわけですが、そんな人はどこにもいるはずがありません。つまり、アリストテレスも紀元前の昔、2400年も前から、人は怒ってはならないのだと逆説的に言っているのです。

怒りをコントロールする3つの方法

「アンガーマネジメント」という心理的トレーニングの手法があります。これは怒りを予防してコントロールするための手法で、具体的には「衝動のコントロール」「思考のコントロール」「行動のコントロール」を行います。

衝動のコントロール：怒りのピークは6秒間であるとして、その時間をやり過ごす。具体的には、カッとなったときに、6秒数える方法などがある
思考のコントロール：本当に怒る価値のあるものかを自問する
行動のコントロール：自分の行動が他人に与える悪影響を考え、最善の選択をする

3つともごく当たり前のことですが、これが簡単にできれば苦労はしないでしょう。それができないからこそ、人は怒ってしまうわけですね。

このアンガーマネジメントの考え方は、もとをたどれば古代ローマの哲学者セネカに通じるところがあります。

ルキウス・アンナエウス・セネカは、ローマ帝国の哲学者であり詩人です。彼は母殺しや妻殺し、ローマ市を焼いた（そう、まさに火攻めです）とんでもない暴君として有名な、皇帝ネロの家庭教師でもありました。セネカの父は修辞学者で、父セネカを「大セネカ」と呼ぶのに対し、息子のセネカを「小セネカ」と呼ぶこともあります。セネカは政治家としても活動し、ネロにより自害を強要されて亡くなりました。

セネカは、『怒りについて』という著作のなかで、怒りは理性を失わせる危険な情念であり、自分や他人に害を及ぼす可能性がある、と述べました。このことは、アンガーマネジメントの

「(危険な情念であるので)衝動を抑える」「(他人に悪影響を与えるので)思考と行動を変える」という、3つのコントロールにつながるものです。さらにセネカは、第一に怒らないこと、第二に、怒りをやめること、第三に他人の怒りをも癒すこと、として予防論と抑制論を論じています。怒りの発生を防ぐために自分の心を鍛えたり物事の見方を変えたりする、怒りが起きたときにはすぐに反応せず、冷静に理性的な判断をする、この2点が重要だということです。

セネカは、「怒りは多くの仕方で阻止しなければならない。たいていは、戯れや冗談に変えるのがよい」というソクラテスの言葉を紹介したうえで、ソクラテスがある日、誰かに拳固で殴られたときの行動を取り上げています。ソクラテスは突然殴られたにもかかわらず、ただ「人がいつ兜をかぶって外出すべきなのかわからないとは、厄介なことだ」とだけ言って済ませた、という逸話です。どうして殴られたのかを考えるよりも、どのように耐えられたかが重要であり、抑制とは難しいことではない、というわけです。

しかし、たいていの人にとっては湧き上がる怒りを抑えることは非常に難しいことです。哲人ソクラテスのように平然として、そのうえ冗談で済ますことなどできないでしょう。子どもの場合は、親が逆上して手を上げてしまったときに、「家のなかでいつもヘルメットをかぶらないといけないのは、めんどいな」などと笑って済ませてくれるはずはありません。子どもに対する体罰は、子どもの心に大きな傷を与えるものなのです。

マル・トリートメントと脳の変形

第1章で、「マル・トリートメント（不適切教育）」という言葉を紹介しました。『子どもの脳を傷つける親たち』（NHK出版新書）の著者で小児精神科医の友田明美さんによれば、マル・トリートメントは次のように定義されます。

「虐待とほぼ同義ですが、子どものこころと身体の健全な成長・発達を阻む養育をすべて含んだ呼称です。子どもに対する大人の不適切なかかわり全般を意味する、より広範な概念」

虐待という言葉には、暴力、暴言というイメージがついていますが、暴力や暴言だけが虐待に当たるわけではありません。親は、ふとしたきっかけで悪気なく子どものこころを傷つけることがありますが、親自身はそれを虐待とは認識していないものです。しかし子どもにとっては、その行為によってひどく傷つけられている場合があります。親が自分では虐待と思っていなくても、加害の意図がなくても、その行為が軽くても弱くても、たとえ子どものためにと思ってしたことであっても、子どもを傷つけようとしたことでなくても、子どもに目立った外傷や精神疾患がなくても、行為そのものが不適切であれば、子どもが傷つく行為はすべて「マル・トリートメント」に相当するのです。

友田さんは、マル・トリートメントは脳にダメージを与えて脳を変形させる、と指摘しています。知らないうちに親が子どもの脳を壊してしまっていることがあるというのは、かなり衝撃的です。私もこの本を読んで、養育者の接する態度がいかに子どもに大きな影響を与えているかの認識を新たにし、あらためて子どもとの関わり方には本当に注意しなければいけない、と思いました。一読をおすすめする本ですが、ここでマル・トリートメントが脳を変形させるというメカニズムをまとめてみましょう。

脳の「海馬」「偏桃体」「前頭葉」は、ストレスの影響を受けやすい場所として知られています。「前頭葉」の一部である「前頭前野」は、学びや記憶に関わっています。また、「海馬」や「偏桃体」の働きをコントロールする重要な役割もあり、危険や恐怖を感じる「偏桃体」が過剰に反応しないよう、適度にブレーキをかける役目をしています。そのため、「前頭前野」が十分に発達していないと、危険や恐怖を感じやすくなります。

友田さんらが体罰を受けた経験のある児童23人の脳を調べたところ、ビンタや杖で叩かれるなどの厳格な体罰を受けた児童は、感情や思考をコントロールし行動抑制力に関わる「前頭前野（内側部）」や「前頭前野（背外側部）」、集中力や意思決定、共感などに関係する「右前帯状回」が、それぞれ14～20％も小さくなっていました。これらの部分にダメージを受けると、うつの一種である気分障害や非行を繰り返す素行障害につながることも明らかになっています。

一方で、暴言を受けた児童は、側頭葉にある「聴覚野」の左半球一部である「上側頭回灰白質」

が平均して14％増加していました。「聴覚野」は言語に関するところで、他人の言葉を理解し会話をする、コミュニケーションを統御するところです。

つまり、体罰は脳を委縮させ、暴言が聴覚野を増加させたことになりますが、これは脳の発達の仕組みに関係しています。脳のシナプスは、乳児期に爆発的に増え、成人の1・5倍の量にもなります。その後、脳内では増えすぎた神経を排除する、いわば木々の剪定のようなことが起こり、茂りすぎた枝（神経）の刈り込みが行われます。余計なシナプスを刈り込んで、神経伝達を効率化するのです。

この「剪定」の時期に暴言を繰り返し浴びると、正常な刈り込みが進まず、シナプスが伸び放題の雑木林みたいになり、容積が増えることになります。それが、暴言によって聴覚野が大きくなった原因です。聴覚野への影響が目立って大きかったのは、4～12歳ころに言葉のマル・トリートメントを受けた子どもたちでしたが、これは刈り込みの時期とちょうど重なります（一番口うるさく言われる時期ですね）。

聴覚野のシナプスが茂ったままでは、話を聞いたり会話したりするときに、余計な負荷がかかるので、心因性難聴になり情緒が不安定となり、人と関わること自体を恐れるようになります。

このように、発達途上の子どもの脳が、体罰や暴言という強いストレスにさらされて、それに伴う孤独や不安、恐怖という負の感情を抱きつづけると、脳の発達が変化して脳は変形していきます。つまり、養育者からの過度なストレスがあると、その苦しみを回避しようとして脳が自ら変形するのです。

スキンシップの効果

ボストン大学のベッセル・ヴァンダーコーク氏は、5歳ごろまでに何らかのマル・トリートメントを継続して受けると、その76%が「愛着障害」を起こすと指摘しています。「愛着障害」とは、安全が脅かされるような体験をしたときに、心を落ち着けるために戻る場所がない状態のことです。

そもそも「愛着」とは、特定の母性的人物との間に形成される強い結びつきのことで、親子関係の根幹をなすものです。「愛されている」という安心感が、「困難にぶつかっても安全な場所に戻ることができる」「安心できる人がいる」という前向きでポジティブな気持ちにつながります。このようなこころの安定が、子どもの社会性を育みます。「愛着」は子どもにとって大事なものであり、この「愛着」を育むために最も有効なのが、スキンシップです。

マル・トリートメントは脳を変形させて愛着障害を引き起こしますが、体罰や暴言は、ある種のバイアスによるもの、あるいは固定マインドセットによるものだと考えられます。養育や子育てに対して偏った考え方があるので、そのような行動や態度に出るわけです。一言でいえば、「すべて人が悪い」「自分の不幸は人のせい」という暗い心が、知らないうちに心のどこかに巣くってしまっているからです。

第1章で、人間は本来、「ホモ・エフティヒア」であると話しました。人間は、誰でも幸福であるはずなのです。しかしそう感じていないのは、バイアスにかかってしまっているからです。そのバイアスをはずしてみれば、花も水も土も美しく見える——ならば、バイアスをはずせばよいのです。その簡単な方法が、スキンシップなのです。

まずは、子どもを抱っこしてみてください。ぎゅっと抱きしめてあげてください。そのとき、誰でも脳が活性化しているのです。それは、オキシトシンが分泌されて穏やかな気持ちになるからです。

オキシトシンは「愛情ホルモン」と呼ばれ、脳の下垂体から分泌します。女性の出産・育児に大きく関わるホルモンで、出産のときに赤ちゃんが生まれるように促したり、母乳が出るようにしたりするホルモンです。友田さんは、次のように述べています。

「オキシトシンの効果は出産・育児に限らず男女問わず、その恩恵を受けることができます。親しい人と楽しく語り合ったり、愛情をつたえ合ったりすると、双方のオキシトシンが上がることが報告されています。オキシトシンは偏桃体の過剰な興奮を抑える働きがあり、闘争心や恐怖心を抑えて穏やかで愛情に満ちた気持ちにさせてくれます」

「子育てに不安になったときこそ、スキンシップです。オキシトシンの分泌が不安や恐怖を抑えてくれるのです。どんどん抱っこしましょう」

実は、オキシトシンは男性でも分泌されるそうです。父親も、子どもとのスキンシップをどんどんとることが大切です。子どもとふれあえば、自然と育児に積極的になっていきます。親子でスキンシップを積極的にとれば、子どもは抱きしめられ守られているという安心感を感じ、親もオキシトシンの働きで心が落ち着く――こんなに良いことはありません。

日常的にたくさんスキンシップをとれば、マル・トリートメントはなくなるでしょう。そしてそのときは、誰もが、幸福感に包まれているはずです。「ホモ・エフティヒア」とは、子育てをする親と、育つ子どもの姿のことであるのです。

Column

発達診断プロフィール解析・その4「すごい知能」と「情動」の関係

●「すごい知能」の形とは？

「すごい知能」の形を項目ごとに見ていきましょう。図15は図1の再掲ですが、まず、領域別の知能因子では、図形は右、記号は左、概念は右という「＜」字形です。次の働き別の知能因子では、認知と記憶がDQ線の左にあり、拡散的思考が右に伸び、収束的思考はDQ線上、評価は知能因子のうちで一番右に伸びている形です。下の2つに位置する環境因子では、情動性記憶は左、情動性判断は右、情動感受性は左の「＞」字形に加えて、自発性行動力は右、自立性集中力も右になります。このようなプロフィールの場合は、実行機能（自発的に行動する、計画を立てる、注意力を制御するといった重要な機能）も育っていて、脳の各領域の連携がとれているといえるでしょう。

実際にこの形が出ている子どもは、知能指数も高いので学習面でも高い能力を発揮でき、大学進学先は東大をはじめ旧帝大や難関私大に合格したという報告を受けています。『運動脳』

図15

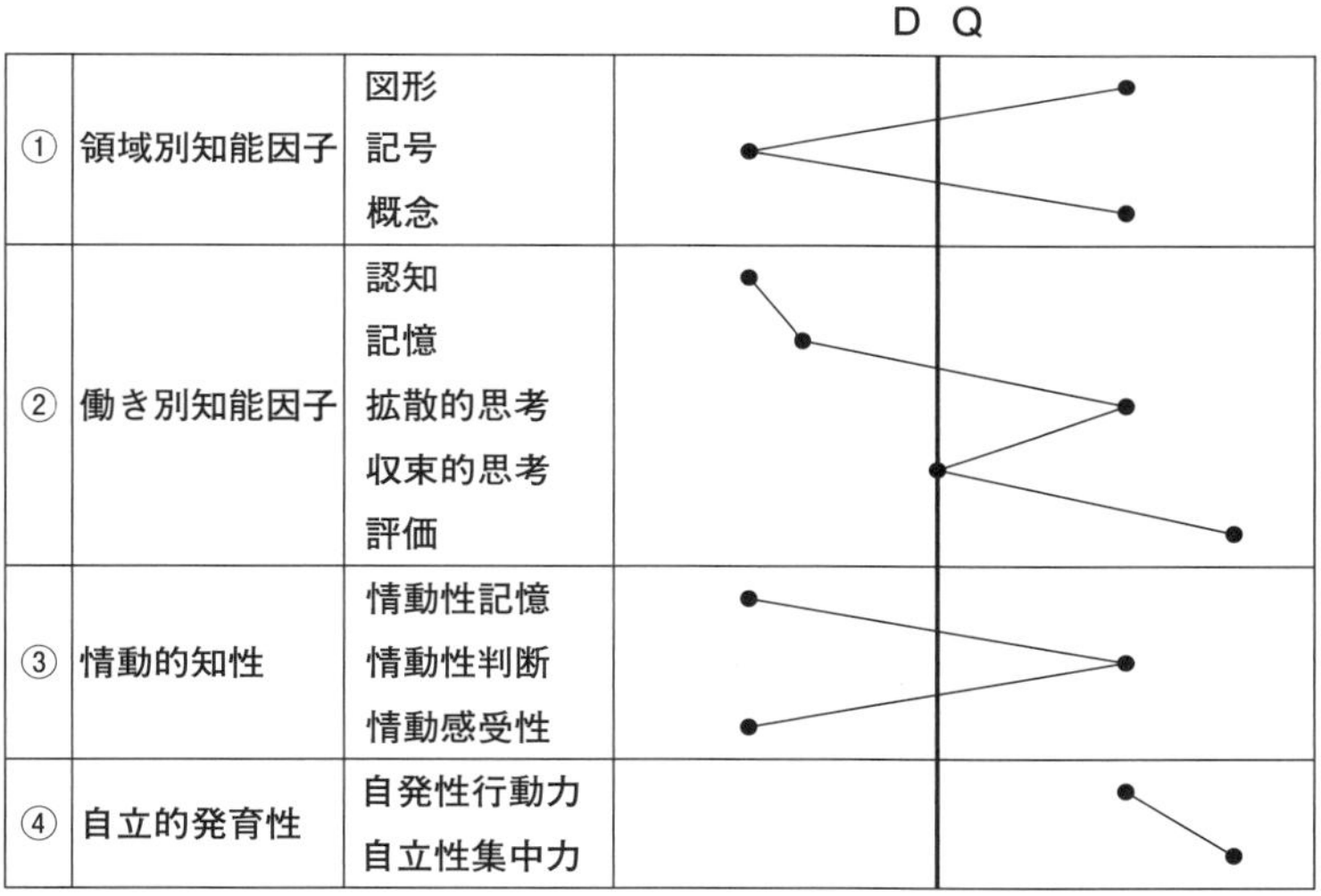
DQ
① 領域別知能因子
図形
記号
概念
② 働き別知能因子
認知
記憶
拡散的思考
収束的思考
評価
③ 情動的知性
情動性記憶
情動性判断
情動感受性
④ 自立的発育性
自発性行動力
自立性集中力

のアンデシュ・ハンセンが「からだを活発に動かせば脳の連携が強化できる」と言っているように、「すごい知能」を育てるにはからだをたくさん動かすことが大きなカギとなるようです。

●発達診断でＥＱも測定できる

ＥＱ（こころの知性）は測定不能な概念であると思われていますが、ＥＱの育ちのようすは発達診断で見てとれます。

認知・記憶は０～２歳期に発達する学習と記憶に関する力で、その大部分に関係しているのが「大脳辺縁系」です。脳は、生命維持機能を調節する脳幹のうえに情動の脳が発達し、そのうえに大脳皮質が発達しました。つまり、情動の脳のうえに思考する脳が生まれたのです。この情動の脳は、嗅葉から発生して脳幹の上部を取り巻くドーナツ状の形になり、脳幹の周囲を縁取る形をしていることから「大脳辺縁系」と呼ばれています。

「大脳辺縁系」によって脳は独自の感情を持つようになり、進化につれて学習と記憶の能力をさらに向上させました。嗅覚と「大脳辺縁系」がつながって、においを嗅ぎわけて良いもの悪いものを区別できるようになったこと、これが学習と記憶の始まりです。

さらに大脳新皮質ができて、感覚器官を通して得た情報を大脳新皮質で理解するようになりました。大脳新皮質の多くは「大脳辺縁系」から派生したり拡大したりする形で発生していて、情動する脳は思考する新皮質を含む脳全体に強い影響力を持っています。
「大脳辺縁系」のなかでも、海馬と扁桃核は非常に重要です。扁桃核は情動と深い関係があり、愛情だけでなく恐怖や怒りなどのすべての情動を握っています。一方で海馬は事実を記憶し、偏桃体は事実にまつわる情動を記憶します。

通常、情動反応は前頭前野が支配し、知覚情報は視床を中継して大脳新皮質のさまざまな感覚野に送られて認知されます。それにもとづいて前頭前野が反応を決めますが、判断や思考に情動が影響するのは、扁桃核と大脳新皮質が作用しあっているからです。というのも、前頭前野と扁桃核を結ぶ回路は思考と情動が出合う場所で、経験を通じて蓄積された情動の貯蔵庫です。この回路が切り離されたりすると情動が喚起されなくなり、嫌悪感も愛着も忘れて意思決定ができなくなります。つまり、理性的な判断を下すには、情動は不可欠なのです。脳は、経験から学習した情動の記憶からおおまかな選択、問題整理をしますが、情動の脳は思考の脳とおなじくらい理性的判断に関わっているのです。

このように、情動は理性にとって重要であり、「大脳辺縁系」と大脳新皮質は互いに支えあって精神生活を支えています。ダニエル・ゴールマンも「感じる知性がなければ考える知性は十分に機能できない」と言っています。

認知、記憶：愛情、恐怖、不安すべての情動に関係する力

拡散的思考：共感、よろこびのポジティブ情動に根ざす知性で、複数のソリューションを生みだす力

収束的思考：恐怖と不安の情動に根ざす知性で、不安と恐怖を回避するための明確なひとつのソリューションを生み出す力

評価　：否定、禁止のネガティブ情動に根ざす知性で否定、禁止を回避するために自分で判断する力

このことから、「感じる知性」と「考える知性」はまったく別のものではなく、もともと表裏一体のものであると考えられます。

経営者の子育てインタビュー#1

子育ても経営も、大切なのは、自ら考えて行動する環境をつくること

――太田裕之氏（十六ＴＴ証券株式会社代表取締役社長）

◇プロフィール

太田裕之（おおた・ひろゆき）

１９６０年、岐阜県各務原市生まれ。名古屋大学法学部を卒業し、１９８３年、十六銀行本店営業部入行。１９９１年証券部金融課異動に伴い東京勤務となる。２００２年に大垣駅前支店長、２００４年に上海駐在員事務所長就任を機に海外転勤となる。２０１４年には常務取締役に就任。２０１８年に取締役専務執行役員就任を経て、２０１９年十六ＴＴ証券（株）の設立に当たり初代代表取締役社長に就任。家族構成は妻、長男（孫三人）、二男（孫一人）。

親は心配しすぎず、ポジティブ思考でかまえていればいい

——銀行員時代は、東京転勤や上海勤務を経験されたそうですね。

太田裕之氏（以下：太田）　東京では社宅に住んでいて、夕方からディズニーランドに行って最後の花火まで楽しんだりできたのは、出身地の岐阜では味わえない経験でした。社宅の人たちと互いに子どもを見てもらい合ったりして、身近に頼れる人がいないなかで他の人も子育てに関わってくれたこともよかったと思います。夏休みは二泊三日で家族旅行に出かけるのが恒例で、鬼怒川温泉や鴨川シーワールドに行ったのは楽しい思い出です。上海勤務は子どもの受験のこともあり単身赴任でしたが、年に2〜3回帰国していました。家族そろって上海に2回来てくれて、西安の兵馬俑を訪れたことがあります。

——子どもたちには、どんなふうに育ってほしいと思っていましたか。

太田　とにかく元気でのびのびと育ってくれればいい、と考えていました。子どもが自分で考えて動くことが大切で、親は子どものことにいちいち干渉すべきではないと思っています。父親は、ゆったりと鷹揚《おうよう》にかまえているほうがいいのではないでしょうか。子どもは自然に育つものだと思います。

——ご自身はどのように育てられてきましたか。

太田　いま思い返すと、割とやりたいことを自由にやらせてくれた幼少時代だったと思います。父親が法曹関係（検察事務官）であったことから「弁護士を目指したらどうか」と言われたことがあり、それが印象に残っていますね。大学は法学部に進学しましたが、司法試験は早々にあきらめました（笑）。母にも、勉強しろといわれた記憶はとくにありません。小学生のころは、習字とそろばんが習いごとの定番で、私も通っていましたが、周りが行くから一緒に行く、と

いった感覚で、強制されたものではありませんでした。

――育児・家事の分担はしていましたか。育児は母、父は仕事という昔の世代だと思いますが。

太田　当時は、毎日の帰宅が夜10時、11時が当たり前の時代でしたので、育児は基本的に奥さん任せでした。奥さんには大変感謝しています。私はといえば、週末および休日にお風呂に入れる程度でした。ただ、近年は会社での就業時間管理が徹底されてきていますので、最近のお父さんは、家庭での家事分担が当たり前になっているようですね。

――受験や就職など、進路決定にはどのように関わりましたか。

太田　学校の勉強、成績についてはあまり気にしていなかったと思います。勉強しろと言った覚えは正直、あまりありません。とくに高校からは、私と違って二人とも理系に進んだこともあり、子どもの将来に関しては子ども任せでした。

――自分の人生は自分で選択する、自分で判断することが大切だ、ということでしょうか。

太田　そうですね。あまり親が心配しすぎるとそれがかえって子どもにうつってしまい、おどおどした子になるかもしれません。自分で判断できず、指示がないと決められない子になったりするのではないでしょうか。親が子どもを心配するのは当たり前のことですが、心配しすぎてもいいことはありません。親はネガティブ思考ではなく、ポジティブな気持ちでいたほうがいいのではないでしょうか。

――太田さんは、中学時代はバスケットボール部のキャプテンを務め、リーダーシップがあり周囲から一目置かれる存在として、クラスでも「太田くんなら」という信頼を得ていたそうですね。お子さまは、そういう父親を信頼していましたか。

太田　それは息子たちに聞いてみないとわかりません（笑）。ただ、子どもは親の姿を見て育つものだと信じたいですね。

転職が当たり前の時代、子どもにどんな言葉をかけるべきか

――金融機関ではいろいろな業種と関わりがありますが、就職や転職についてお子さんから相談されたことはありましたか？

太田　どこの会社を受けているかなど、こちらから尋ねることはありましたが、最終的に決めたのは本人たちでした。結婚して社宅にいた長男が家を建てることになり、土地を探しているときに意見を聞かれ、「のちのち売りやすい場所がいい」とアドバイスしたくらいで、ほかにはないと思います。

――太田さんの世代は終身雇用の時代でしたが、今は転職することに抵抗がなく、むしろキャリアアップのひとつと考えているようです。

太田　現在は転職市場が整備され、労働市場の流動化が進んでいます。転職をすすめるつもりは毛頭ありませんが、本当に自分に合った職場を目指しての転職やキャリアアップのための転職はありかと考えています。学生時代、本当に自分にあった職種はなにかを決めるのは簡単ではありませんから。しかし、それも生涯で１～２回までで、忍耐不足、努力不足ですぐに転職を考えるのは論外です。

――忍耐、努力が大切だということですが、お子さんたちにもがまんを強いたり、あきらめないことを奨励してきたのでしょうか。

太田　いえ、「自分に合わない職場でも、苦難に耐えてやりつづけろ」ということではありません。簡単にやめグセがついてしまうのはよくない、ということです。本当にその職場と自分の考えがミスマッチである場合には、自分に適する職種へ移り、人生のステップアップができればよいのでは思います。

人は成功体験で成長する

――御社では、育休取得率はどれくらいですか。子育てしながら働きやすいような取り組みをしていらっしゃるのであれば、教えてください。

太田 最近の風潮もありますが、男性社員も育休の取得率をあげるよう、積極的な取得を奨励しています。

――経営者として重要なことはなんでしょうか。

太田 トップは会社として進むべき方針を示し、各部署、各社員全員のベクトルを合わせるようリーダーシップを発揮することが重要だと思います。基本的に、オペレーションはそれぞれの現場のリーダーにまかせようと考えています。自ら考えて、創意工夫ができる組織が重要で、そうでないと変化の激しい現在の時代についていけないでしょうから。各リーダーは、自分の部下がそれぞれに100%の力を発揮できるような雰囲気をつくること。スーパーマンが一人いるだけでは、持続的成長は難しい。これができれば組織としても総合力が上がると思います。

――社員を育成する立場も担ってこられたと思いますが、社員にとって求められる資質、これからの時代を生き抜く必要な力はなんだとお考えですか。

太田 精神論になるかもしれませんが、やはり最後までやりきるという強い信念、使命感が必要だと思います。また、チャレンジには失敗はつきものです。人の意見をしっかりと聞き、失敗から学ぶかどうかで、その後の成長に大いに差がでてくるように感じています。

――やりきる強い信念を持つには、なにが必要でしょうか。どういう経験が役に立ちますか。

太田 小さな成功を一つひとつ積み重ねることだと思います。成功体験は自信につながります。管理者としては、はじめは小さな仕事から、成長に合わせて大きな仕事を任せていくことで、部下は成長するのだと思います。

――子育てとマネジメントに通じるものは、なんでしょうか。

太田　自主性を重んじ、自ら考えて行動する環境をつくっていくことでしょうか。

――好きな言葉は「我以外皆我師」とお聞きしています。これは吉川英治が作品中で宮本武蔵に言わせた言葉で、人が純粋な心で生まれてきて学んで成長していく姿を表していると思います。成長マインドセットそのものなのですが、太田さんの子育ても、それが原点であるように感じます。「一所懸命」という言葉も、お好きな言葉とうかがいました。

太田　はい。大きな組織のなかでは、どこに配属されるかは自分で決められません。しかしそのときのポジションでポジティブに考えて、自分のできる最善の努力をすることが大事だと考えています。ひとつずつやるべきことをやること、その積み重ねが大切です。入社当初のスタートは同じでも、しだいに差がついてくると焦りますが、焦るばかりでは身につきません。

――子どもも「師」でしょうか？

太田　子どもの反応は、時としてはっとするものがありますよね。大人になって忘れがちな素直な感情とでもいいましょうか。忘れていたものを思い出させてくれるといった意味では、「師」といえるのではないでしょうか。

親のふだんのあり方、心の持ち方で子どもは変わる

――太田さんにとって、子育てとはなんですか。

太田　難しい問題ですね。生きていくうえで基本を身につける時期であり、善悪とか、人に迷惑をかけない、人を傷つけないなど、当たり前のことを生活を通して身につけさせることが大事だと思います。

――当たり前のことを、生活を通して身につけさせるには、どうすればいいでしょうか。

太田　私自身とくに意識したことはないのですが、親自身のふだんのあり方、心の持ち方で、自然と子どもがそうなるのではないでしょうか。これまでの人生を振り返ってみると、仕事の面でも子育ての面でも、かなり恵まれた人生を歩んでいると本当に感謝しています。銀行員はいろんな業種の多くの人とお会いする仕事で、どんな人でも肯定的に受け入れる姿勢が大切なのですが、それは自分に一番向いている仕事であったのでは、と今では思っています。そうした環境をつくっていただいたのは上司であり、同僚であり、後輩のおかげと本当に感謝しています。子育てにおいてもなにか困ったとかとくに苦労したということも、おかげさまでそんなになかったのは、幸せなことでした。

——まさに「幸福マインドセット」ですね。子どもたちが自然と育ってくれたというお話がよくわかります。では、最後に家庭づくりについて一言お願いします。

太田　組織はトップしだいといわれます。銀行には支店がたくさんありますが、支店長しだいでお店の雰囲気がガラッと変わってきます。家庭も同じで、子どもが育つ環境をつくるのはトップしだい、つまり親しだいだと思います。

——ということは、家庭も父親が一番肝心だということですね。

太田　いいえ、家庭のトップは母親です。昔から「亭主関白」「かかあ天下」というように、夫（父親）は補佐役、妻が天下人で、母親がトップであるのがいいのです（笑）。

経営者の子育てインタビュー＃2

創造力と人間力を要する子育ては、最も価値のある重要な仕事の一つで、親の人間力も育んでくれる

――髙﨑裕樹氏（名古屋鉄道株式会社代表取締役社長）

◇プロフィール
髙﨑裕樹（たかさき・ひろき）
１９６０年、岐阜県本巣市生まれ。早稲田大学商学部卒。１９８３年、名古屋鉄道株式会社に入社以来、不動産部門に長年携わる。２０１５年常務取締役に就任し、不動産事業本部長や名駅再開発推進室長を歴任。２０１８年には専務取締役に就任、２０２０年に副社長就任を経て、２０２１年に代表取締役社長に就任。家族構成は妻（死別）、長男（孫一人）、二男（孫二人）、長女。

妻との別れで、いっそう強くなった子どもたちとの結びつき

――名鉄入社以来、不動産部門で多忙な毎日を過ごされていたそうですが、お子さまたちとふれあう時間はありましたか。

髙崎　子どもが小さいころは、家族5人でごく普通の休日を過ごしていました。私が50歳のころに家内を亡くしましたが、それから子どもたちとの結びつきがいっそう強くなり、子どもが3人とも大学で東京に在住していたときは、現地で週末を一緒に過ごしたりしました。金曜日の夜に東京に行って月曜日の朝に出勤するという生活スタイルが月に2回ぐらいありました。子どもたちとは、海外旅行にも数回出かけました。北イタリアやイギリスなどに行きましたね。

――奥さまを亡くされたのが、長男さんが就職し、二男さんが大学生、娘さんが高校生のときだったそうですが、子どもたちの心を気遣うことで、それは大変だったろうと思います。

髙崎　病気がわかったと同時に医者から余命宣告され、当時は目の前で起きたことに対応することに精一杯でした。子どもたちを気遣うことができなかったというのが正直なところです。

――つらいご経験をされて、さぞかし大変なことだったろうとお察しします。

髙崎　つらいことは誰にでもありますが、つらいことには人それぞれに意味があるのだと思います。妻が亡くなったことも、「人としてもっとこうあるべきだ」という生き方について教えてくれたのだと思います。

――お言葉から、どんな出来事にも学ぶことがあるという信念を感じます。お子さんには、どんな子に育ってほしいと思っていましたか。

髙崎　自分の得意なこと、好きなことにいきいきと取り組んで、自分の人生を楽しんでもらいたいと思っていました。

――それぞれの得意なことは何ですか？　今の仕事

につながっていますか。

高崎　長男は数学が得意で数字に強く、都市政策に関わる仕事をしています。二男はアイディアマンで発想力が豊か。そういうところは私に似ており、現在はマスコミに勤めています。娘は美術が得意で、高校は卒業生に日比野克彦さんらのいる加納高校へ進学し、美術科で彫刻を学んでいました。東京の美大に進み、今は空間デザイン会社で仕事をしています。みんな、好きなことが生かせる仕事に就いて楽しくやっています。

習いごとも就職も、本人の意志が重要

――奥さまは教育熱心だったとお聞きしています。

高崎　息子たちは、妻が知能教室※に熱心に通わせていました。長女にはピアノと美術を習わせました。女性の強みを発揮できるようにとの思いから始めたピアノは、5歳から小学校6年生まで続けました。一方で、美術についてはセンスがあったようで、ずっと習いつづけて美大に進学しました。

※ギルフォード理論にもとづくあそびを行う教室

――受験、就職については、進路は本人まかせでしたか。話し合いをしましたか。

高崎　本人の意志を尊重しながら助言してきました。受験の際は、地元ではなく外に出た方がいいと思って、東京の大学に行かせました。就職については、社会人の先輩としてアドバイスしました。いずれにしても、とにかく好きなことをとことんやるように伝えており、それこそが人生の幸せに通じると思っています。

――ご自身の進路選択も、好きなことをやる、でしたか。

高崎　そうです。好きなことをやって生きてきましたね。

――今は転職することに抵抗がなく、むしろキャリアアップのひとつと考えているようです。名鉄

は大企業ですが、辞めて他社にいく人もいますか。

高﨑　います、います。流動化が進んで若手、中堅の離職も多いですが、その一方で新しく中途採用での入社も増えています。人財の入れ替わりが激しいですが、組織は多様性があるほうがいいと思っており、外から来る人が増えることは歓迎です。画一的、同質にならないように、異質な人が集まってくることは変化が激しい時代に対応していくのに必要なことであり、中途採用を積極的に進めています。

――お子さんが転職すると言ったらどうしますか。

高﨑　反対しません。むしろ勧めます。

寡黙な恥ずかしがりやから、活発なやんちゃ坊主へ

――高﨑さんご自身は、どのように育てられてきましたか。

高﨑　幼少時は本当に寡黙で恥ずかしがりやでした。信じられないかもしれませんが（笑）。

――えっ、本当ですか。それは、全然信じられません（笑）。

高﨑　小1の担任は、当時は珍しい男性教師だったのですが、その先生が保護者面談のとき母親に「裕樹君は、勉強はできるがこの性格では社会に出たときにダメになる」と言ったのです。それで母から、もっとやんちゃになりなさい、と言われました。毎日学校に行く前に「手を挙げて発言してきなさい！」と言われ、それで家に帰ってくると「授業中に発言したか」と聞かれて、「今日は手を挙げたけど、先生が当ててくれなかったから発言できなかった」と返すと、「そんなの待つんじゃなくて、自分からしゃべるんだ！」と叱られました（笑）。そうしているうちにハミ出し者になって、中学のときはやんちゃ坊主、高校では教師に殴られるほどの問題児になりました。

――なかなか厳しいお母さんですね。そう言われて

どう思いましたか。

髙﨑　私は、大人しくて窮屈だった自分がだんだん活発になっていくことを楽しめていましたね。カラを破っていけるんだ、みたいなことが自分ではうれしかったです。周りにはずいぶん迷惑をかけたと思いますが（笑）。

――高2のとき、（岐阜高校の）野球部が甲子園の春の選抜大会に出場しました。応援団長として、六大学野球の早稲田の応援をわざわざ見に行かれたそうですね。

髙﨑　応援団を増強し春の甲子園に臨みましたが、本番で常連校のような統制の取れた応援がまったくできませんでした。夏の大会に向けて、これまでの応援のスタイルを変えないといけないと思ったので、友人を誘い、夜行列車に乗って早慶戦を観にいきました。現地では、「応援を勉強しに岐阜から来たので、観せてくれ」と早稲田の応援部に頼みこんで、応援部幹部のすぐ横で観させてもらいました。

――その行動力もすごいですね。まだスマホもデジタルビデオすらもなかった時代ですよね。

髙﨑　そうです、もう観て覚えるしかなくて。帰りは新幹線でしたが席に座らないで、デッキで友人と観てきた動作などを、さっそく二人で復習していましたよ（笑）。

子育ても経営も、個性と独自性を伸ばすことが大事

――そんなバイタリティあふれる髙﨑さんが率いる会社についてうかがいます。育休取得率はどれくらいですか？

髙﨑　2022年度の実績で男性52・6％、女性は100％です。

――育児と仕事の両立をしやすいような取り組みはされていますか。

髙﨑　当社には「短時間フレックス勤務制度」や「育児短時間勤務制度」などの規則があり、鉄道現場や本社部門それぞれ異なる勤務体系に合

わせた、活用しやすい制度を整備しています。社内報を活用して周知するなど、多くの従業員に利用してもらえるように取り組んでいます。

――子育て経験は、仕事によい影響を与えるでしょうか。

髙﨑　子育て経験は人間力をつけてくれ、仕事にプラスとなるものだと思います。

――子育てと経営に共通点はあるでしょうか。

髙﨑　共通点は多いと思います。経営においては、苦手なことを克服することも大事ですが、得意なことを伸ばすこと、強みを生かすこと、個性、独自性を持つことが大切です。子育てにも同じことがいえます。

――これからの時代に必要な力はなんでしょうか。

髙﨑　豊かな個性と創造力が必要です。これからは、ＡＩやロボットに定型的な仕事を奪われる時代になります。そんな時代だからこそ、人間にしかできないことを磨いていかなければなりません。子どものころから自然とふれあうことや、自分の考えを言うようにすることが大切ですね。親は、子どもを一人の人間として早くから認めてあげることも必要です。

――自然とのふれあいの重要性はなんでしょうか。

髙﨑　私の実家は、自然に囲まれた田舎なんですよ。夕日が沈み星が出て、夜、虫が鳴く、朝は鳥が啼いて太陽がふりそそぐ、緑輝く、葉っぱに水滴るという風景です。自然とふれあうことで感性が豊かになります。子どもが生まれてから都市部で生活するようになり、子どもには自然とのふれあいが大事だと、あらためて実感しました。

――自分の意見を言える子に育てるためには、親はどうすればよいでしょうか。

髙﨑　否定しないこと。子どもの意見や気持ちを肯定してあげることです。

――一人の人間として認めるには、具体的にどうすることでしょうか。

髙﨑　しっかりと話を聴くこと、です。

子育ては、人生で最大の価値ある仕事の一つ

――髙﨑さんにとって子育てとはなんですか。

髙﨑　最も創造力と人間力を必要とする重要なつとめです。

――人間力とは具体的にどういうものでしょうか。

髙﨑　人間は遺伝子に大きく左右される面はあるものの、どう育てていくかが大事で、それによっていかようにでも変わるものです。親の会話の仕方、支え方、導き方のバランスが大切で、それが人間力を形成します。子育てをしていると、言うことを聞かない、思いどおりにならないことで、どうしても短気になったり感情がむき出しになったりするものですが、それをコントロールし、感情をぶつけ合っても互いにわかり合えるようコミュニケーションをとること。3人の子どもを育てた親としてあとから思うのは、いかに包容力を持てるかが非常に重要だということです。親は人生の先輩であり、子どもより視野が広いはずですので、それをベースに子どもを導く、それも強引ではなくさりげなく気づかせてあげることが大切です。

――さりげなくというのは、「ナッジ」と同じ概念です。髙﨑さんのお話をまとめますと、人間力とは、一つは対人能力、つまりコミュニケーション力、二つめに自制心を含む自己管理能力、三つめにコーチング力といえますね。

髙﨑　多彩なコミュニケーション力と自分を律する厳しい自己管理力にもとづいて、人をそのかしてと言っては言葉は悪いですが、人を自主的に動かせる力、まさにそれが人間力です。私がやんちゃになったのも、母にそそのかされたせいかもしれません（笑）。

――座右の銘、好きな言葉は何ですか。

髙﨑　好きな言葉はたくさんありますが、子育てや人間形成の話をするときに申し上げるのは、「之を知る者は之を好む者に如かず、之を好む

者は之を楽しむ者に如かず」です。

――楽しむことが一番大事だということですね。

髙﨑　そうです。孔子の論語にある言葉ですが、なんでも楽しむことが大事、仕事も子育ても楽しむことが大事、楽しいからこそ、がんばれるのです。

――最後に読者のみなさんに一言お願いします。

髙﨑　子育ては人生で最も創造的な、価値ある仕事の一つです。みなさんも子育てを大いに楽しんでください！

あとがき

2022年の出生数は77万747人で、1899年の統計開始以来、初めて80万人を下回り、合計特殊出生率も1・26と2005年と並び過去最低を記録しました。

出生数は第一次ベビーブーム後、1974年の200万人をピークに年々減少しつづけ、40年ほど前から少子化が声高に叫ばれるようになりました。国もこれまでさまざまな施策を打ってはきたものの少子化に歯止めをかけることはできず今日にいたっています。それはなぜでしょうか。それには理由があります。それは、そもそも少子化対策とは、出生数の減少は国力の低下につながり日本は衰退してしまうというペシミズム（悲観論）のうえに立っているからです。ペシミズムが根底にあってはいくら施策を打てども明るい未来が見えてくるわけがありません。それは国民の心を暗くするばかりで未来に向かう気持ちにさせることはないからです。未来には、希望と期待と楽観、オプチミズムこそが必要であるのです。

少子化と就労女性の増加により2016年（平成27）年には子ども子育て支援新制度が実施され、認定こども園という幼稚園と保育所を合体させた施設が新たに誕生しました。女性の就労参加には保育施設の増設が不可欠だという背景から創設されたこの新制度により保育サービスの量的確保は進み、２０２３年時点で全国には1万か所の認定こども園ができています。

新制度は、１９４７（昭和22）年に学校教育法にもとづく幼稚園と社会福祉法にもとづく保育所が整備されて以来70年ぶりの制度改革になりますが、この70年前の１８７２（明治５）年には学制改革が行われています。これは、近代学校制度のなかで国民教育をするために小学校を設置して義務教育を受けさせるというものでした。これに対して当時、村で子どもを学ばせていた村人たちは一揆をおこし、学校を焼き討ちして反対をしたという記録があります。寺子屋などで学ばせていたところに、学制改革で働き手の子どもを召しとられるうえ学校運営の費用も徴収されることを理由に村民たちは抵抗したのです。村落の自治で行われていたことが近代中央集権国家制度にとってかわるというのですから、その不安と不信からくる抵抗感の強さは容易に想像できるところです。

そう考えれば少子化も、国民が未来への希望と期待が持てないことと、現実への不安と不満からくる国に対する無言の抵抗、ある意味あきらめにも近い「学習性無力感」に囚われた無言の国民一揆といえなくもありません。それはいわば潜在意識にひそむ無意識の産み控えであるといってもよく、そうであるとすれば、国民には、もはや産み育てる「生きる力」が湧いてくるはずもないのです。文科省はこれからを生きる子どもに育てたい力を「生きる力」と言っていますが、なんとも皮肉なことです。

そこに現れたのが人工知能、生成ＡＩです。生成ＡＩは人間の知能を超えるのではないかという見方もあり、多くの仕事が奪われるのではないかと懸念する声も出てきています。あたかも人間のように考え人間のように創造するその能力は、人間の知能をはるかに超えるものであるかのように思わせるほどです。もはや人間のすることは何もなく、進路や就職先などの自分の将来の決定も、結婚相手を決めるのも「生きる力」はすべてＡＩにおまかせしてしまった方が正しくて良い判断ができると考える人が出てくるかもしれません。

また、ＡＩをそういう方向に開発して人類を「学習性無力感」にしようとたくらむ善からぬ輩も出てくるのかもしれません。

そういう人間が人間であることを自ら放棄しかねない切実な時代にあって、まず人間はどうあるべきものかということを考えてみることが、ＡＩに負けない「すごい知能」をつくるのに何よりも大事なことだろうというのが本書を書いた理由です。

本書では、アリストテレスから東洋思想、禅の思想、ポストモダン主義、行動経済学、脳科学や心理学などの科学的知見を引きつつ子育てを語っていますが、意外とそれが子育てにもあてはまると感じられた方も多いのではないでしょうか。

それは、子育てとは営々たる人間の生の営みのひとつであるとともに知的生産活動であるということ、すなわちふだん私たちは意識してはいないものの、人間とは何か、生きるとは何か、私とは何か、という問題を包含しているものでもあるからだろうと私は考えています。

思うに、情動の脳のうえに大脳新皮質が発生し、両性の性衝動の結果誕生した個体が10か月の妊娠を経て出生したあとも、さらに10年以上もかけて保護者による子育てを要するということに、どのような意味があったのだろうか。それは、人間には「愛」と「幸福」こそが重要であることを、子育てを通して学び実践しつつ、その方法を洗練化していくその過程が幾世代も受け継がれていくことによりDNAが書き換えられ、その何万年をも要する気の遠くなるような行為の連鎖によって、愛と幸福に満ちあふれた世界にするために、だったのではなかっただろうか。

約1万3000年前に、狩猟採集民からより複雑な農耕社会の成員となりえたとき、人間の脳が縮小化したのは、社会性の発達の必要性から脳が自らのシナプスを刈り込んだことによるものというのはあくまで想像でしかないとしても、そのときの脳の縮小化は進化であると言う人もあるように、個の生存の恐怖にもとづくというよりは、農耕社会の求める協力性と不確定な収穫という将来に対する不安と無力感がもたらす精神的渇望感から、真の「愛」と「幸福」を希求せざるをえなくなったホモ・サピエンスは、そのときそのことを自らの生きる目的と設定したのではなかっただろうか。本書の原稿を閣筆した今、子育てとは何かという問いにはシンプルにこう答えられるだろう。それは、子どもの幸せを願い愛することである、そして愛と幸福と平和に満ちた未来をつくることである、と。

私の頭のなかでは、こんな思いが駆け巡っています。

そのためには、人間とは「ホモ・エフティィヒア」であることを知り、「幸福マインドセット」

とポジティブ思考になろうと述べました。

しかし、あとがきの冒頭に述べたように、「子育て」が国を挙げての壮大なペシミズムのうえに立った女性就労支援策である限りは、子育てから「愛」も「幸福」も感じられることはないでしょう。

「愛」も「幸福」も、本来は無限に誰にでも必要なだけ与えられるものであるはずだと思うのですがそれなのに、現代の子育て世代が、利己的な愛と生物としての感覚器官に依拠するだけの儚くも刹那的な幸福感（消費行動はその最たるものだろうが）で自分たちをごまかすしかないのであれば、それは奴隷制保育制度ともいえる現行の子育て支援新制度がいたずらに醸し出す学習性悲壮感とも言うべき耐えがたいやるせなさに打ちのめされ子育ての意味を見失っているからだと言ってよいのかもしれません。愛と幸福のない国に未来はなく、いずれ衰退の一途をたどることでしょう。

しかし、私には、日本の父親、母親たちへの明るい希望が見えています。

なぜなら、本書は数々の参考文献をもとに書いていますが、人間の叡智であるそれらの優れた文献を通して、子育ては幾多の長い年月を経てようやくここ数十年の間に、封建的な子育てから個人を尊重する子育てへと急速に変わりつつあると感じているからです。

それは、ギルフォードの知能理論をはじめ、ギノット先生のこころのコーチ、セリグマンのポジティブ心理学、発達診断プロフィールの発見など、本書で紹介したその他さまざまな研究や取り組みの功績によるものです。

そうです、子どもたちの未来は明るいのです。すべての母親、父親は自信を持って子育てをしてください。子どもたちの限りのない未来に大いに期待をしてください。

そのために本書では、「すごい知能」の構造原理モデルを提示して、自立した知能を育てるための道筋（親の関わりの仕方）を示し、さらに脳の報酬系回路と制御回路を活性化させるヒントを示しました。

とくに発達診断プロフィールは、子どもの育ちと脳の働きを客観的にとらえるのに有効なエビデンスで（もはや児童進化心理学といってもいいのではないか）、5歳児までは自立した知能の基礎を培う重要な時期であることを示しています。これまでに、小学校入学年齢を早める5歳児就学問題が幾度も現れては消えていますが、それは就学前施設が果たすべき重要な課題、すなわち自立した知能の基礎づくりを頓挫させるものであり、子どもに自立した知能を放棄させるに等しいものです。5歳児就学問題は、発達診断の知見をもとにすればもはや議論の余地はなく早々に終止符を打つべきことだと思います。

そしてさらに、認知能力である知能は決して非認知能力やEQの対立概念ではなく、EQと非認知能力とはともに認知能力と表裏一体のものであることを発達診断プロフィールの解析をもとに示しました。

今後、脳が「すごい知能」に可塑化するための効果的な方法がいくつも見つかり「すごい知能」は誰にでも手に入れることができるようになるはずです。本書がそのきっかけとなれば著者としてそれにまさる喜びはありません。私は、そういうときがいつか必ず来るであろうと大いに期待をしていて、このあとがきを書いている最中の私の脳内では、ドーパミン・シャワーが放出しつづけています。私の見える未来には、楽観と希望と幸福があり、それ以外には何もありません。

最後に、本書に協力してくださったすべての人に心から感謝の気持ちを申し添えます。

とくに、発達診断プロフィールの解析を通して幼児教育に多大な貢献をされた岩田紀生先生にはあらためて敬意を表し、また、経営者の子育てインタビューに快く応じてくださいました、名古屋鉄道（株）代表取締役社長髙﨑裕樹氏と、十六ＴＴ証券（株）代表取締役社長太田裕之氏、そして推薦文を寄稿してくださった（株）ライドオンエクスプレス代表取締役社長兼ＣＥＯの江見朗氏に、心からお礼申し上げます。

そして、本書を手に取ってくださったあなたに心から感謝の言葉を贈らせていただきたいと思います。ありがとうございました。

２０２４年１月吉日　学校法人小島学園認定こども園ひよし幼稚園 理事長・園長　小島宏毅

一般社団法人幼児発達診断学会　会員園一覧

本書で紹介している「発達診断」を実施している園をご紹介いたします

学校法人岩田学園　いづみ幼稚園	山梨県甲府市
学校法人原学園　幼保連携型認定こども園原学園ひかり幼稚園	北海道苫小牧市
学校法人原学園　幼保連携型認定こども園ひかりの国幼稚園	北海道苫小牧市
学校法人聞光学園　認定こども園柏崎中央幼稚園 柏崎中央保育園	新潟県柏崎市
学校法人宮城学園　みやしろ幼稚園	東京都中野区
東京都公認　松本幼稚園	東京都江戸川区
学校法人山本学園　かまがや幼稚園	千葉県鎌ケ谷市
学校法人神崎学園　袖ヶ浦桜ヶ丘幼稚園	千葉県袖ケ浦市
学校法人小島学園　認定こども園ひよし幼稚園	岐阜県各務原市
学校法人平田学園　旭ヶ丘幼稚園	岐阜県関市
学校法久保学園　城南幼稚園	福岡県福岡市
学校法久保学園　早良幼稚園	福岡県福岡市
学校法人福丸学園　幼保連携型認定こども園武岡幼稚園	鹿児島県鹿児島市
学校法人福丸学園　幼保連携型認定こども園武岡みらいえこども園	鹿児島県鹿児島市
学校法人藤花学園　指宿幼稚園	鹿児島県指宿市
学校法人藤花学園　柳和幼稚園	鹿児島県指宿市
学校法人原口学園　幼保連携型認定こども園しぶし幼稚園	鹿児島県志布志市
社会福祉法人慈寂福祉会　幼保連携型認定こども園あんらく保育園	鹿児島県志布志市
有限会社チロリンチャイルドスクール　チロリン幼児園	沖縄県那覇市

※幼児発達診断に関するお問い合わせは、
学校法人小島学園認定こども園ひよし幼稚園までお願いいたします

参考文献

『新訂　孫子』（金谷治訳注／岩波文庫）2000年
『図解　孫子兵法』（家村和幸／並木書房）2016年
『「学力」の経済学』（中室牧子／ディスカヴァー・トゥエンティワン）2015年
『素質と思考の「脳科学」で子どもは伸びる』（林成之／教育開発研究所）2015年
『子どもの才能は３歳、７歳、１０歳で決まる！』（林成之／幻冬舎新書）2011年
『怒らない経営』（江見朗／イースト・プレス）2012年
『マシュマロ・テスト』（ウォルター・ミシェル／早川書房）2015年
『やり抜く力』（アンジェラ・ダックワース／ダイヤモンド社）2016年
『もっと！愛と創造、支配と進歩をもたらすドーパミンの最新脳科学』（ダニエル・Z・リーバーマン、マイケル・E・ロング／インターシフト）2020年）
『運動脳』（アンデシュ・ハンセン／サンマーク出版）2022年
『幸福優位７つの法則』（ショーン・エイカー／徳間書店）2011年
『潜在能力を最高に引き出す法』（ショーン・エイカー／徳間書店）2018年
『ポジティブ心理学の挑戦』（マーティン・セリグマン／ディスカヴァー・トゥエンティワン）2014年
『ポジティブ心理学が教えてくれる「ほんものの幸せ」の見つけ方』（マーティン・セリグマン／パンローリング）2021年
『オプティミストはなぜ成功するか』（マーティン・セリグマン／パンローリング）2013年
『子どもから大人が生まれるとき』（森口佑介／日本評論社）2023年
『自分をコントロールする力』（森口佑介／講談社現代新書）2019年
『子どもの発達格差』（森口佑介／ＰＨＰ新書）2021年
『10代の脳とうまくつきあう　非認知能力の大事な役割』（森口佑介／ちくまプリマー新書）2023年
『親の脳を癒やせば子どもの脳は変わる』（友田明美／NHK出版新書）2019年
『子どもの脳を傷つける親たち』（友田明美／NHK出版新書）2017年
『マインドセット　「やればできる！」の研究』（キャロル・S・ドゥエック／草思社）
『ＥＱ』（ダニエル・ゴールマン／講談社＋α文庫）1998年
『０歳から思春期までのＥＱ教育』（ジョン・ゴットマン／講談社）1998年
『子どもに言った言葉は必ず親に返ってくる』（ハイム・G・ギノット／草思社文庫）2022年
『子どもの話にどんな返事をしてますか？』（ハイム・G・ギノット／草思社）2005年
『〈叱る依存〉がとまらない』（村中直人／紀伊國屋書店）2022年
『怒りについて』（セネカ／岩波文庫）2008年
『子ども学と保育学の狭間を考える』（小田豊／ひかりのくに）2023年
『走ることについて語るときに僕の語ること』（村上春樹／文春文庫）2010年
『世界はありのままに見ることができない』（ドナルド・ホフマン／青土社）2020年

『ソロモンの指環』（コンラート・ローレンツ／早川書房）1998年
『はじめて出会う心理学』（長谷川寿一他／有斐閣アルマ）2000年
『実存主義とは何か』（Ｊ・Ｐ・サルトル／人文書院）1955年
『構造・神話・労働』（レヴィ・ストロース／みすず書房）1979年
『碧巌録』（入矢義高他訳注／岩波文庫）1996年
『気鋭のビジネスリーダーたちはわが子をどう育てているのか　子育て経営学』（宮本恵理子／日経ＢＰ社）2018年
『気鋭のリーダー10人に学ぶ　新しい子育て』（宮本恵理子／日経ＢＰ社）2020年
『アリストテレス全集15　ニコマコス倫理学』（神崎繁訳／岩波書店）2014年
『ＮＵＤＧＥ　実践　行動経済学　完全版』（リチャード・セイラー、キャス・サンスティーン／日経ＢＰ社）2022年
『一般言語学講義』（フェルディナン・ド・ソシュール・小林英夫訳／岩波書店）1972年
『言語の本質』（今井むつみ、秋田喜美／中公新書）2023年
『赤ちゃんはAIより天才だ！』（今井むつみ／『文藝春秋』2023年9月号）2023年
『ピアジェに学ぶ認知発達の科学』（Ｊ・ピアジェ／北大路書房）2007年
『新装版　知能の誕生』（Ｊ・ピアジェ／ミネルヴァ書房）2022年
『ライフサイクル、その完結』（E・H・エリクソン／みすず書房）2001年
『シナプスが人格をつくる　脳細胞から自己の総体へ』（ジョゼフ・ルドゥー／みすず書房）2004年
『エモーショナル・ブレイン　情動の脳科学』（ジョゼフ・ルドゥー／東京大学出版会）2003年
『失楽園』（ジョン・ミルトン、平井正穂訳／岩波文庫）1981年
『ポジティブな人だけがうまくいく3：1の法則』（バーバラ・フレドリクソン／日本実業出版社）2010年
『勇気づけの方法（アドラー心理学を語る4』（野田俊作／創元社）2017年
『フロー体験　喜びの現象学』（ミハイ・チクセントミハイ／世界思想社）1996年
『フロー体験入門－楽しみと創造の心理学』（ミハイ・チクセントミハイ／世界思想社）2010年
『ポジティブ心理学入門』（クリストファー・ピーターソン／春秋社）2012年
『脳とテレパシー』（濱野恵一／河出書房新社）1996年
『サピエンス全史』（ユヴァル・ノア・ハラリ／河出書房新社）上巻2016年、下巻2023年

プレスリリース「『達成感』による脳内変化を明らかに―新たな学習法や、精神・神経疾患の治療法の開発につながる成果―」（慶應義塾大学医学部・国立研究開発法人 理化学研究所・国立研究開発法人 日本医療研究開発機構）
https://www.keio.ac.jp/ja/press-releases/files/2016/8/8/160808_1.pdf

「無意識の偏見に意識を向ける」（Google re:Work チーム）
https://rework.withgoogle.com/jp/guides/unbiasing-raise-awareness#introduction

小島宏毅（こじま・こうき）
学校法人小島学園認定こども園ひよし幼稚園理事長・園長、作家、児童文学作家
1961年生まれ。岐阜県出身。幼稚園園長として保育制度や子育てに関する著作、児童文学作家として絵本を発表している。著書に『～ママはすっきり、パパはしっかり、園長びっくり! 認定じいさんに聞きました～認定こども園がみるみるわかる本』（ギャラクシーブックス）『「ママ、うれしいわ」が子どもを育てる～孫子の兵法を知れば子育てがわかる、変わる～』（幻冬舎）。児童文学作家として『しましま』（ひかりのくに）のほか、『たこやきくんとおこのみくん』『飲茶むちゃむちゃ』『100歳になったチンチン電車　モ510のはなし』『う、のはなし』（以上4作品とも幻冬舎）がある。

カバー写真 ： zon／PIXTA（ピクスタ）

孫子《そんし》の兵法《へいほう》から読《よ》み解《と》く
AIに負《ま》けない「すごい知能《ちのう》」の育《そだ》て方《かた》

2024年3月22日　第1刷発行

著者　小島宏毅《こじまこうき》

発行者　寺田俊治

発行所　株式会社 日刊現代
東京都中央区新川1-3-17　新川三幸ビル
郵便番号　104-8007
電話　03-5244-9620

発売所　株式会社 講談社
東京都文京区音羽2-12-21
郵便番号　112-8001
電話　03-5395-3606

印刷所／製本所　中央精版印刷株式会社

表紙　菊池 祐（ライラック）
編集協力　ブランクエスト

C0036

ISBN978-4-06-535369-1